理想的学习◎

——零作业思维

教育不是万能的
只有方法才是万能

张晓锋◎著

西北大学出版社

图书在版编目(CIP)数据

理想的学习——零作业思维 / 张晓锋著. —西安:
西北大学出版社,2018.1
ISBN 978-7-5604-4137-5

Ⅰ.①理… Ⅱ.①张… Ⅲ.①学习方法—研究
Ⅳ.①G791

中国版本图书馆 CIP 数据核字(2018)第 019243 号

理想的学习——零作业思维

作　　者:张晓锋
出版发行:西北大学出版社有限责任公司
地　　址:西安市太白北路 229 号
邮　　编:710069
电　　话:029-88303042
经　　销:全国新华书店
印　　刷:西安华新彩印有限公司
开　　本:787 毫米 × 1092 毫米　1 / 16
印　　张:13
字　　数:160 千字
版　　次:2018 年 1 月第 1 版　2018 年 1 月第 1 次印刷
书　　号:ISBN 978-7-5604-4137-5
定　　价:55.00 元

作者简介

张晓锋

3461 系统学习方法创始人

中国教育学会特约观察员

北京四中讲师团高级讲师

国家注册二级心理师

主要著作:《成功教育研究》《3461 系统学习方法》

最新出版《理想的学习——零作业思维》

讲学经历:2000 年至今在全国各学校讲学 4000 余场次

邮箱:study3461@126.com

前 言

零作业是什么

零作业既非学生不做作业,也非老师不布置作业,其追求的是“习题数量极限少”条件下的高效率,也是教育部三令五申“减负增效”政令在教育实践中的应用。那么,什么才是真正意义上的“减负增效”呢?有学者在《中国教育学刊》中提到:“减负增效,就是要减轻学生过重的课业负担,提高课堂效率,实现轻负高效。其实质就是减少直到消除无效的教学时间,减轻学生学习的强度,以提高单位时间内的效率。

目前,传统观念根深蒂固、具体措施准备不足、家校合作止于表面,使得增效工作的效率难以保证,减负工作也难以实施。

俄国教育学家乌申斯基曾谈到:“如果一位教育工作者不能明确说出他的教育活动的目的,那就跟一个建筑师在为一座新建筑奠基时还不知道要建筑什么东西一样,令人不可理解。”我们研究零作业这种理想的学习模式,目的在于希望通过观念、措施和家校合作三方面理论和实践的统一来实现减负和增效的目的。

零作业并非单纯的缩减作业量，其本质是一种思维方法的转变。美国教育家、哲学家杜威认为："好的教学必须能唤起儿童的思维。学校必须要提供可以引起思维的经验的情境。"这种思维方式的转化涉及三个方面的内容：观念、方法和合作。我们将在这三个方面引导学生和教育者进行探讨。

首先，零作业就是要破除传统的学习观念，让学生对学习有一个全新的认知。教育者能否发现孩子的天赋属于教育科学，"因材施教"是一座美丽的山峰，多数人很难登顶，原因何在？因为我们的思维被一些传统误区固化了，学习困难或学习障碍本来就是学生发展中的一个常见问题，而教育工作者盲目的使用"题海战术"，通过布置大量作业来试图带学生跨越学习障碍，是一种极不科学的教育观念。南京师范大学数科院教授刘云章曾在其学术论文《波利亚的解题训练与"题海战术"的辨析》对"题海战术"做出中肯的评价，他说："应该承认，'题海战术'对提高学生的能力也有一定的积极作用，但经验表明，'题海战术'在能力培养方面主要表现为提高模仿力与复制力，所谓'高分低能'症正是如此产生的。"

我们从一些传统的教育观念入手，来剖析一下其存在误区，不妨举例如下：

第一种片面观点认为学习习惯决定一个孩子的学习成绩。心理学还有一个名词叫"认知障碍"，来自基因这个先天性因素，就像是一些孩子在学习方面比较有天赋，轻轻松松的便可以取得较高的文化课成绩，也有一些孩子在体音美方面比较有天赋，文化课却成绩平平。

第二种片面观点就是一味的催促学生努力学习。就拿理科来讲，它并不是一门只要努力学就能学好的学科，它属于技术性工作，对学习方法的要求比文科要高，理科学习方法不科学比不努力更容易导致学习效率低下。

第三种片面观点认为对孩子来说更重要的是智商而非情商。智商是决定学习成绩的首因,其实孩子的智商大多数都差不多,但是在后期的成长过程中会遇到发展不均衡问题,直接影响孩子以后学习成绩的好坏。

第四种片面观点认为注意力越集中,听课效果越好。这也是一个传统误区,虽然注意力集中会有利于聚合性思维的发展,但放松的状态更有利于发散思维的形成。特别是创造力方面,某一道题不会做,放松一下,思路往往就“柳暗花明又一村”。

综上所述,一个孩子学习观念的形成往往是教育者熏陶的结果,那么我们应如何认识学习方法?学习方法决定了学习效率,如何实现高效率学习?本质上的解决方法就是让孩子养成系统的学习方法并使之习惯化。

其次,零作业是更新学习方法,从而实现高效率学习的思维模式。零作业是一个理念,不是反对学生做作业,而是提倡合理的作业训练。零作业是快乐学习和学会学习的代名词,是素质教育和减负增效最好的表现。

理想的学习就是减负增效下快乐的学习,让我们来认识一些促进学习方法养成的小技巧来帮助孩子构建理想的学习状态。

(1)学习方法能够复制的只有学习过程而非学习内容,学习过程和学习内容共同构成学习方法。

(2)每个人的学习方法都是不一样的,尤其在学习内容方面,如尖子生做的题目难度系数和中游学生是不一样的。

(3)造成学习方法不科学的内在原因是学习过程和学习内容没有统一起来,也就是说学生学习方法的内在矛盾没有解决。

(4)找到适合自己的学习方法,让个性化学习发挥实效。

(5)养成正确的学习方法应从保持稳定的学习行为做起,逐渐演变为良好的学习习惯,再由良好的学习习惯转化为正确的学习方法。

(6)学习方法是思维和行为的统一。学习方法的外在形式是学习行为，学习方法的内在形式则是思维，二者必须是统一的。

(7)课堂只能传授学习内容而非学习方法，这是学习方法个性化特点决定的。

(8)学习方法决定学习效率。因为学习方法体现认知规律性，脱离认知的规律性必然导致行为效率和思维效率下降。

(9)学习方法源自于对实践的验证和对逆向的反思。一方面是不断实践的过程，另一方面是不断校正的过程，只有这样学习方法才能取得创新。

(10)学习方法的原动力是学习目标，如果没有学习目标的推动，人的思维就无法创新，因此学习目标就是学习方法的动力源泉。

以上关于学习方法的十个基本理论是作者多年教育实践的研究总结。零作业要想实现学习过程的高效化，必须并贴近学生的实际，因此离不开正确的学习方法。也就是说，如果不立足于学生的实际情况，采用正确的学习方法帮助学生了解学习的一系列规律，一味地采用题海战术、补课战略等，在教育教学上是绝对的失误。

再次，零作业是家校双方合作教育的产物。家校之间应该从孩子的学习方法和学习习惯出发，从学校角度上做一个对学生负责任的老师，从家庭角度上做一个对孩子负责任的家长，让孩子喜欢学习并学会学习。如今仍有许多家长认为孩子学习成绩不好都是孩子单方面的问题，这其实是家长推诿责任的说法。孩子的学习习惯主要来自家长，甚至遗传自家长，与孩子产生矛盾争执，侧面也体现了家长的思想水平不够成熟。理解孩子、了解学生，是家长和学校合作的关键。

择校热问题的源头就是许多家长认为优秀老师就一定能培养出优秀的学生，名师出高徒是传统作坊式教育的特征。学校教育不是民间作坊，不可能替代家庭教育。从本质来看,家长和老师是教育工作的两个基本工作岗位,任何一个岗位的脱节都会导致教育质量的下降。甚至有人认为取消考试才是素质教育,这个观点显然脱离了中国教育的基本国情。考试只是一种选拔制度,并不是教育的全部内涵。

家长本身不愿意投身于学习当中,且用各种冠冕堂皇的理由搪塞自己的不作为,还墨守成规地搬来一些固有的传统理念,在此试用四个例子论证。第一种认为尊重孩子即凡事都要和孩子商量。实则不然,教育有温情的一面,也有严厉的一面。第二种认为孩子不听话就是孩子有逆反心心理。事实上并非如此,不听话是孩子有自己看法和观点的表现。逆反则是对父母管教方式的不满,不一定不听话就是逆反。第三种认为孩子是一个家庭未来的希望,承载着家长在成长过程中未完成的梦想。殊不知对孩子的过度关注也是一种伤害,孩子的人生需要他自己不断地进行学习探索。第四种认为棍棒底下出孝子。惩罚只是教育教学的一种极端方法,并不是全部,切莫以偏概全!

通过以上四种传统理念可以看出,如果家长自身没有学习意识就很难配合好学校教育,当然也难以胜任现代教育条件下的辅导工作,这样就会导致亲子矛盾激化,与我们倡导的快乐学习理念背道而驰。

零作业不是形式主义的减负,而是一种科学教育教学的思维模式,在现代教育体系不断深入发展的前提下,越来越多的学校已经开始了“减负增效”的实践工作,本书将从教与学两个角度阐发零作业的教育理论。

本书适合部分小学高年级段学生、中学生、教师和家长阅读,其中小学生只适合部分章节阅读,特此说明。

目录

良言导读:经典学习语录

良言导读是本书的灵魂,希望读者从中能有所收获。

1. 学习首先是培养习惯,其次才是掌握方法,没有习惯的方法就像没有根的树。

2. 所有的理化习题本质上都是实验,理化习题如果出现问题首先应该做实验。

3. 每个学生错题不一样,其实是学习漏洞不一样。

4. 作业其实就两个功能:一是把学会的巩固一下,二是把没有学会的找出来。

5. 相比较理科成绩而言,文科成绩快速提升是没有方法的。文科主要靠积累,而积累是需要时间和过程的。

6. 凡是初中英语学不好的学生大多是懒惰造成的。

7. 在高一年级第一次期中考试中,物理成绩几乎可以成为决定理科成绩的充分条件,当然此观点只是从高考成绩角度出发。

8. 理科的秘诀:有的公式和定理产生的过程本身就是很好的例题。

9. 水产市场上鱼可以切开一块一块地买卖,但是江海里的鱼却不可以一块一块地生长,而且少长刺多长肉,这是考试过程和学习过程最精辟的比喻。

10. 背单词是初中英语的学习规律，通过阅读增加词汇量是高中英语的学习规律。

11. 不变的知识点和变化的例题构成了教与学之间的“辩证法”，讲课的人和听课的人再围绕这个辩证法演绎出了智慧，摩擦出了思想的火花。

12. 初中学生书包里没有课堂笔记，小学老师必须要为此承担责任。高中学生书包里没有学习计划，初中老师必须要承担责任，这就是教育中的“多米诺骨牌效应”。

13. 不要过分挤压学生自由学习的空间。

14. 一题多解和“题海战”的关系就像修路，“题海战”强调把路修长，一题多解则强调把路修宽。考试就像考驾照，路其实并不长，还是路宽了会容易一些。

15. 有一项研究成果惊人的表明：99%的学生不喜欢学习，就像99%的成年人不喜欢工作一样，强迫是没有用的，因势利导才是父母的教育职责，学生的命运往往掌握在父母手中。

16. 把一枚硬币抛出后落地会有三种结果：正面、背面和侧面。假如这枚硬币是我们课堂学到的知识点，考试是否会考今天学的这枚硬币？我们不知道！即便就算考了今天的这枚硬币，会考核正面、背面还是侧面呢？我们也不知道！学习方法就是把所有硬币的三个面全部掌握，考试不就也可以掌握了吗！

17. 在资金充足的情况下，楼房的高度取决于两个因素：地基和规划。地基差，楼房高，那是危房；不按照规划，高了或低了，那是烂尾楼。学生中高考成绩也取决于两个因素：基础和目标。基础差了，还想考重点学校，那是空想；没有目标，随遇而安，那是庸人。而家长作为中考的设计规划人是要承担责任的，高考则是学生自己承担责任。

18. 放学后急匆匆写作业的学生，眼到、手到就是没有心到！学习效率的先决条件是用心。

19. 听懂和运用之间有一个门槛，就是例题，其实例题是对课堂基础知识最精辟的阐释。

20. 文理搭配，学习不累。

21. 学习的核心是自学，自学的核心是方法.

22. 人不可能一辈子都靠老师来教，学习能力才是核心能力。

23. 错题是一个银行，存进去越多将来得到的也就越多。

24. 坚决禁止一切没有明确目的的做题行为！

25. 某个时间当你把手伸进书包的时候，应该学习哪门科目绝对不是你自己的情绪决定的，而是学习计划。如果是情绪决定的，那么你就是盲目性学习，当然学习计划最终也是由你来决定的，学习的主人还是你。

26. 让一年级的学生去做三年级的数学题，结果是不会做或者做错，让一年级的学生做一年级的数学题，结果还会出现不会做或者做错，前者属于知识性障碍造成的，因为老师不曾教过。后者属于策略性障碍，也就是方法有问题。

27. 一个人走在马路上，如果不知道自己去哪里，脚步会停滞不前，所以学习应该有目标。

28. 中高考没有冠军，中高考是达标赛，只要成功越过达标线就可以了，本质上不是锦标赛！状元只是一种个体特殊现象而已。

29. 我们做完一道数学习题的感觉就像开了一次座谈会，运用数学语言符号和数学问题进行了一次有效沟通。

30. 当西方的孩子在院子玩弹球的时候，中国的孩子正在摇头晃脑地朗诵“四书五经”，研究治国平天下。最终却是西方人创造了蒸汽机，开创了人类的工业文明，而中国依旧徜徉在农业文明。

31. 只有纠正了作业中的错误，尽可能减少知识漏洞，才能提高考试的正确率，这是作业的辩证法思想，让作业中错题的风暴来得更猛烈些吧，不要怕！

32. 复习的时候你找不到问题，考试的时候问题就来找你。

33. 学习最大的敌人不是课本，更不是老师，而是我们自己。不懂装懂是学习中最大的敌人，准确地说是天敌，天性造就的天敌。

34. 听懂的不一定就是理解了，听懂是表面现象，理解才是问题本质，理解的也不一定就要课堂上必须听懂，课后还有机会。

35. 学习中的浪漫在于：今晚作业中我和错题有一个约会，不见不散。

36. 数学问题图形化，就像所有的理化习题都是试验，抽象转化为直观，化繁为简。

37. 学习能力的核心是思维能力，"怎么想"决定了"怎么办"。

38. 不知道为什么做，执行力打折扣；不知道怎么做，勤奋打折扣。

39. 考试成绩不是教育中最难的问题，考一次第一名也并不难，教育中最难解决的问题是持续考第一，那是学习习惯决定的，需要投入时间。中国家长可以最慷慨地为孩子花钱，最吝啬的恰恰是给孩子花时间，没有时间做保障，投入很多钱都最终打了水漂，这是教育行业的特性。唯一就剩下对孩子失败的自我解脱：世事我曾抗争，成败不必由我。

40. 学习的目的不是仅仅为了考大学，考大学的目的也不是仅仅为了找工作，找工作的目的不是仅仅为了高工资，其实学校学到的绝大多数知识在社会中是很难全部应用到的，学习的目的是为了得到一种学习能力，而这种学习能力使人的生存能力和创造能力都得到发展，因此学习也是终身的。

41. 我们不怕吃苦，我们最怕把吃苦变成了一种习惯。

42. 失败是成功之母，总结是成功之父！人总是依靠两种东西在进步：经验和教训。依靠教训成长起来往往是高成本的，甚至是惨痛的，经验其实往往来源于别人的教训，就你而言只是一个学习和借鉴的过程，绝对的低成本。

43. 学校的管理核心是强调思想力，学校是思想圣地，大学的意思就是广阔的思想地。

44. 大学生真正的课堂在实验室和图书馆，是思维的能量和动手的力量造就了大学的人才标准。

45. 教育真正目的并不是培养伟大的人物，让每一个孩子都能学会生存和发展的技能，提高劳动力的技术含量和公民自身素质修养才是正解。

46. 中学生在进入大学前应该阅读两个人的传记：毛泽东和爱因斯坦。不读毛泽东的传记不知道书的伟大，不读爱因斯坦的传记也不可能领悟实验室的伟大，人类的已知世界（书）和未知世界（实验室）的结合最终推进了二百年的文明历程。

47. 理想的课堂是从问题开始的，没有问题的课堂是不科学的。

48. 能力是老师在课堂上教不出来的。

49. 见到钞票的时候不要着急装进自己口袋，因为很可能是假币，课堂上的知识不要着急去记忆，很可能还没有理解。

50. 洗澡的时候学会了游泳，还是游泳的时候顺便洗澡，对于学生而言这是一个问题：事关知识和技能。

51. 嘴大的吃得多，还是胃口大的吃得多，这个问题把课堂和课后做了类比，课堂只是一个嘴巴而已，不能一味追求多，就怕消化不良。

52. 学习的累和苦在于学习观念落后而导致的学习行为在重复与再重复中变得枯燥乏味最终形成了疲惫，拆房子与建房子永无休止，永无尽头。

53. 一卷不给力，二卷伤不起。

54. 为什么放学后着急写作业？其实作业中习题的数量并不能直接改变学生的考试成绩，关键是做题的心态，也就是你为谁做题？为什么做题？如果为了完成老师的任务而做题，做题的数量再多，效果也不会好。

55. 习题的数量不重要，重要的是做题过程中错题的处理方案，对考试成绩影响最大的是做错的习题，因为错题本身就是一个漏洞。可惜多数学生把它忽略了，这至少导致做题效率下降一半。

56. 例题是解题思路的源泉，例题是最好的老师！

57. 知识和习惯的关系就是水和杯子的关系，没有杯子的话，水如何盛得住？只交给学生水而不给杯子那不是教育。同样的道理我们把灯关上以后吃饭，不会把饭吃到鼻子里去，什么东西在起作用？当然是习惯的力量！

58. 知识和能力的关系就是鸡和蛋的关系，先有鸡还是先有蛋？这是一个复杂的问题，对成年人来说二者似乎没有必然关系，但是对于学生来说应该是先有鸡再有蛋，先有知识再有能力。

59. 整理笔记在先，作业在后，应该是先吃饭再消化，整理笔记就是吃饭的过程，作业才是消化的过程，没有吃又怎么消化？

60. 教育中最难的是育，也就是身教的过程，教学中最难的是学习习惯和基础知识分层问题。

61. 懒惰学不好语文，努力学不好数学，文科的方法是勤奋，理科的方法是技术。

62. 小题丢分缺基础，大题丢分缺思路。

63. 成本最低的学习方式，反而效率最高！

64. 做题的数量和考试成绩之间是有关联性的，但是没有必然性。

65. 独立学习包含两层含义：学习习惯上实现自我管理，学习方法上探索到学科规律。

66. 生活习惯决定学习习惯,妈妈决定生活习惯。

67. 北大的校长说过:优秀的学生往往不是培养出来的,他们往往具备自我培养的能力。

68. 初一的方法加上初二的基础,再加上初三的复习,这是初中管理的成功模式。

69. 一个“不作为”的家长往往让孩子在高中变得更优秀,因为孩子已经学会了学习。

70. “育”字其实揭示了一个真理:世界上最好的教育是用身体教育孩子,育字带着月字旁,老子也说过:“行不言之教”。

71. 大多数的教育失误基本上都是误解造成的,也许没有恶毒的班主任,只有不了解学生的班主任。

72. 家长对老师的期待就像对孩子的期待一样,过高的期待恰恰绑架了老师的思想,严于待人、宽于律己。

73. 强迫症的反面是拖延症。

74. 富不过三代是怎么造成的?家长把房子和车子都为孩子准备好了,亲手把自己的孩子变成了一个败家子,其实让孩子终身享之不尽的“财富”是一个好的习惯,可以让孩子一生享之不尽。

75. 我们大人经常把孩子想象成自己,而孩子不是大人,所以我们才会被孩子讨厌。

76. 只有做错的老师,只有做错的家长,永远没有做错的孩子,就因为他们只是一个孩子而已。

77. 如果孩子不喜欢这个老师怎么办?破解的方法是老师还是孩子?你肯定答错了吧!群体教育决定了我们的思维应该怎么去想这个问题:到

底应该谁适应谁？师生关系不等同于亲子关系。

78. 刻苦学习的孩子如果彻底放弃玩耍，不应该赞美，用力过猛会使得强迫症继续发展，这是病态的刻苦。

79. 每个人都是过目不忘的，忘记的其实只是意识中的表象，最后都被潜意识收藏了，积攒的负面的事件越多，人的情绪就越不稳定。

80. 中国没有真正的班主任，中国的班主任其实都是兼职的，因为他们要承担教学任务，而且往往他们会以教学为主业。

81. 反对德育工作制度化，这是以人为本的教育思想的体现，两个上课迟到的孩子不应该得到相同的待遇，因为迟到的原因是不同的，这和车间工人上班迟到有本质区别，别忘记了他们还只是孩子。

82. 好生源加上好老师不会成为名校，就像一群球星组队不一定会成为冠军，需要文化的沉淀，那就是班级文化的因子。

83. 为了孩子的一切，这句话是个伪命题，是包办式教育的托辞。

84. 知道第一名的孩子晚上怎么睡觉吗？诚惶诚恐，成功不等于幸福。

85. 你不可能叫醒一个装睡的人，不愤不启。

86. 大目标决定一个孩子的学习信念，小目标决定一个孩子的执行力。

87. 偏科不是智商低下的表现，偏科的孩子有一个美丽的故事，我们都没有时间去听，我们一直在说，孩子也一直在做，但是结果是什么？我们都跑题了。

88. 学习管理中家校合作界限到底在哪里？这个问题太难，太不容易界定，比如家长批改孩子作业，家长听写孩子单词等行为实属越界。

89. 那些毕业后和班主任相遇而叫不出名字的孩子，都是曾经被忽视伤害过的。

90. 老师的一个表扬是中游生很期待的，表扬这类孩子最好在全体学生面前,这样表扬会翻倍增值,不要当面表扬一个成年人,当面说你好话的人,孔子说那是小人所为,所以背后表扬一个成年人和公开表扬一个未成年人都是管理艺术。

91. 外科手术式的行为矫正是错误反复发作的元凶,别头痛了医头,脚痛了医脚。

92. 把学生的成绩做横向对比本身就不科学,不和别人比成绩,只和自己比进步。

93. 外动力学习模式相当于风筝式飞翔,内动力学习模式相当于飞机式飞翔,动力本质上不一样。

94. 遇物则诲,相机而教,生活处处有教育。

95. 思想控制着行为,行为受思想的驱动。

96. 早恋的孩子往往晚婚。

97. 台上一分钟,台下十年功,老师课前备课的时间和学生课前准备的时间往往比一节课的时间长,这才是课堂的王道。

98. 学习成绩优秀的学生,他们的课堂笔记不是笔记,简直就是精美的工艺品。

99. 做题永远是为复习服务的。

100. 好题本和错题本是学习的左右手,一个解决思路拓展问题,一个解决漏洞管理问题。

第一章 622学习法则

所谓学习法则,就是学习规律,学有法而无定法。学生、学科、基础知识层次、学习习惯的不同,都会使学习法则产生差异,那么研究学习法则的意义何在呢?探索学习法则只是帮助学生实现对学习的宏观把控,学习法则体现的只是学习的一般性规律,服从于学生的个性化需求。在学习方法中以“课堂、复习和作业”为三位一体,就可以构建学习法则。这和我们通常提及的学习方法“五步”——预习、听课、复习、作业、考试是有差别的。我们将考试并入作业,因为作业能力本身就是应试能力,预习则可以认为是课堂的准备工作或辅助工作,这样的三位一体思维模式就成型了。

在这个思维模型中,学习方法决定了学习成绩的三位一体模式,听课、复习和作业是学习成绩最主要的影响因素:课堂对学习成绩的影响大致为60%,复习对学习成绩的影响大致为20%,作业对学习成绩的影响大致为20%,我们可以把这种思维模型称为“622 学习法则”,这个法则虽不是什么绝对真理,但是为研究学习个性化提供了思维模型,也就是思维参照物。

对于那些已经有了一定自学能力的高中生来说,课堂占据60%的学习成绩也许是不科学的。对于几乎不怎么复习的小学生来说课堂的占比不仅仅局限于60%，甚至更高。所以，“622 学习法则”只是一个思维模型，如图 1－1所示，在这个思维模型引领下，每个孩子都可能有自己的学习法则。

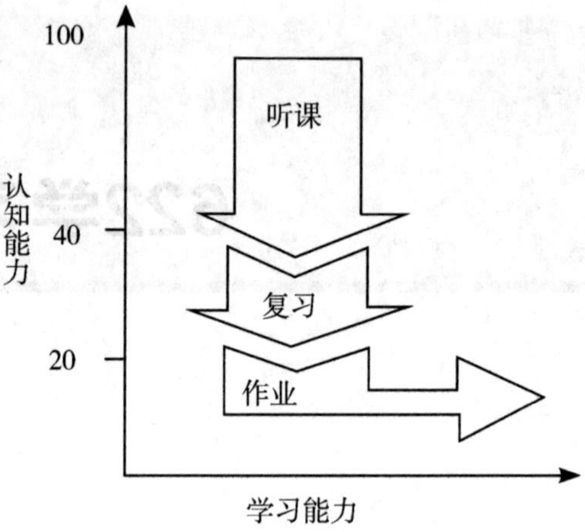

图 1－1 “622 法则”模型图

学习成绩的 60% 来自课堂，这个基本规律对初中生来说基本适用。此结论体现了中国教育的现实状况，中学生自学能力相对而言无法满足学习所需，在课堂知识传授系统中处于被动地位。此外我们还需要搞清楚一个问题：嘴大的吃得多，还是胃口大的吃得多？我们把课堂和课后做类比，课堂其实只是一个嘴巴而已，也就是说不能片面、极端地夸大课堂的作用。虽然课堂是中学生获取知识的主渠道，但是课后的消化理解同样重要，它和课堂上获取的知识并非是对立的，而是要求学生将两者有机地结合起来，筑牢自己的知识体系。

其实三者相辅相成，互相依存成品字形排列。

学习成绩的 20% 来自复习，复习不仅连接了知识和能力，而且还把课堂和课后、作业和考试、小考和大考等各个方面连接起来，起到融会贯通的作用。

学生学习成绩另外的 20% 来自作业，这个作业指的是“硬作业”，也就是做题，做题是学习实践的重要部分。

如果把课堂和复习相加，其比例占到了80%，与作业的20%构成了学习方法的“28法则”，在接受新知识的舞台上听课和复习无疑是主角，也是学生基础知识形成的主要阵地。

学习法则是大道至简的哲学，至简才能在实践中加以运用。这种哲学可以用下面的语句概括出来：

不知道为什么做，
执行力就打折扣。
不知道怎么去做，
勤奋就会打折扣。

每个孩子在听课、复习和作业中所擅长的方法不同，倾向性也就不同，这就是学习的个性化。这本书就是极力发掘这种个性化并改变学生的学习观念。所以，阅读时最应该理解一个观点就是：学习不仅仅是做题。如果按照这个思维模式去学习的话，我们就能进入到学习方法多元化和个性化带来的美妙境界，触摸“学习技术”革命所带来的快乐，体验“零作业”创新所带来的全新的学习方式。

研究表明，对于基础知识和学习习惯均等的高中生来说，课程量加大后，预习成为决定学习能力的一项重要因素。那些能够进入北大、清华的学生，几乎无一例外地具备预习能力，从课堂开始就先胜一筹。随着新课标的深入，小学和中学阶段的课程量同时增加，在学习技能中最难以掌握的技巧——预习，不断占据了人们的视野。现如今在无数的中学名校的课程表中，预习被“郑重其事”地列于其中，这堪称教育进步的一座里程碑。导学案的问世，更是规范了预习行为并使之科学合理化。之所以把预习列在听课、复习和作业三个核心问题之外，从某种意义上来说，预习强化了听课这个环节，因此不再分篇论述。

本章我们将从课堂、复习和作业三个维度探讨个性化的学习方案,找到适合每个孩子改善学习成绩的思维检索。由于注意力问题涉及这三个维度,所以另辟一节专题探讨。

第一节　听课和笔记

本节我们主要探讨课堂的基本形态、课堂注意力问题以及记录课堂笔记的方法。

课堂是由教和学两个过程组成的,这两个过程是平行关系。对于学生而言,如果想要实现课堂学习效率的最大化,就必须努力优化课堂中的学习策略,即听课的方法。对老师而言就是如何实现课堂教学内容能为大多数学生所理解、吸收,进而拓展知识内容。

成功的课堂通常是师生共同配合的结果,会教和会学达到辩证的统一,方能有显著效果。听课方法的本质是要处理听与记的关系——以听为主,以记为辅。听的方法就是紧跟老师的教学思路,对于听不懂的可以先简略几个字记录在课堂笔记中,容下课后再去处理;听的思路是不能掉队的,主动配合老师。同样的道理,课堂中补充的课外知识也要以听为主,课后再补充和整理。

相对于听的方法来说,教的方法要复杂一些,老师虽是课堂的主导者,但学生才是课堂的主角,就像导演拍戏一样,能否调动出演员的创作性是关键。无论是传统的导入、讲解、示范、总结的"四步法"教学,还是后来发展的导学课堂,核心都是突出学生在课堂的中心地位。这一点也是课堂改革发展的基本准则。

我们用一个实验来解释一下教和学的两个过程。在一个杯子里装满水后,倒入同体积的另外一个杯子,结果会怎么样呢?这个同体积的杯子显然是不可能被装满的,因为有一部分水粘留在第一个杯子里,这个原理就是课堂教学的“杯水原理”。如果接力下去,继续把水倒入同体积的第三个杯子、第四个杯子直到第N个杯子,最后的结果就是没有水了。知识向能力的转化过程,我们称为迁移。从教材到教案,从教案到课堂,从课堂到笔记,从复习到作业,从作业到考试,知识的每一次迁移总会存在一定的损耗,理想的学习过程是零损耗,所以我们必须通过一定的策略去降低这种损耗。

课堂教学是知识获取的主渠道,这是中学教育(基础教育)的根基和标志,以复习和作业为主的课后学习方式和课堂主渠道相比较,仍居于次席的位置。中学阶段的学生大多属于半主动式或者被动式的学习状态,通常主动性越强的学生,在和同龄人的学习竞争中更占据领先位置。当然,目前中学生的课堂教育改革旨在不断提升学生在课堂接受知识过程中的能动性,这也是国家新课程标准改革的核心思想。

在现代教育系统中,中学和大学的关系应该是这样的:在中学阶段,努力去了解将来所学专业的基础知识、实现完全自主学习的技能,积累生理到心理的学习经验,这些有益的尝试都会让你以踌躇满志的心态进入大学。课堂知识的获取也是一种积累,是书本知识和经验性知识的综合体。下面,我们通过两幅图形来表示老师在授课时不同的知识构成。

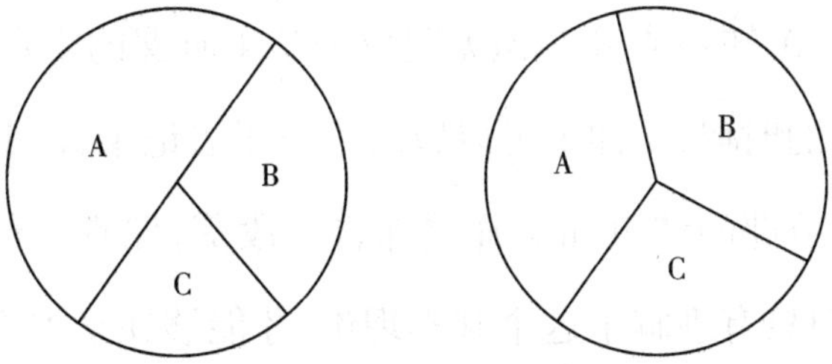

A. 教科书提供的知识　B. 教师个人知识　C. 师生互动产生的知识

图1-2　课堂知识分析

从左图可以看出,相比右面的来说,书本上的知识A占据的课堂知识比例要明显高出一些。它不仅表明了左面这个老师的课堂知识的构成比较偏向于教材,也说明这个老师的教学经验相对右面的老师要欠缺一些,工作时间比右面的老师要短一些。因为右面老师的教学经验要多一些,所以B知识的比例也明显比左面的老师大一些。而C知识的多少双方差距并不多,因为师生课堂互动产生的C知识对于老师而言是非常公平的,关键的问题是能否调动学生课堂参与的积极性。因此,学校对于青年老师的培养通常采用“大循环模式”,从一年级带到三年级,然后再次循环。这种模式非常适合青年老师的成长。C知识也充分体现了孔子所言的“教学相长”的理论,因为C知识很快就会在第二轮中转化为老师个人的B知识。因此,没有互动的课堂是毫无生命的一潭死水。教育界常说:三年一个老师,五年一个名师。那些把初中或者高中带一轮的老师,三年后基本就知道怎么教书了;老师在从教的最初的三五年里是教学风格形成的一个关键时期,有的教师在五年后,或会变成一个名师,或是沦为思想僵化的教书匠。

我们谈课堂教学中知识体系的构成,是想教会学生听课时,一定要注意老师的教学节奏,积极参与老师的提问或者课堂质疑。通过老师的提问和质疑,不仅可以让自己获取的课堂知识更加全面,同时,也会帮助老师增长知识。对于B知识的增长,主要取决于老师的课堂风格和C知识的互动时间与机会。因此,A知识或B知识无疑成为学生听课的重点,C知识是参与的结果。做笔记的时候,A知识可以暂时不急于去记录,而B知识才是记录的重点。随着一节课的结束和老师授课告一段落,课堂上传授的知识很难再次获得,同学们只有理解了这个基本理论,才能够在学习中汲取有价值的知识,而且面对名师之后,还能够品味到什么是名师的风采。就像很多学生见过不拿教案本上课的白发老师,他们的知识已经了然于胸,上课风采和个人魅力很多年以后仍然被同学们津津乐道。

叶澜教授说："课堂教学是师生人生生命意义的有机构成部分，教师是学生生命发展的激活者，是学生人生的对话者，师生全身心的投入，他们的生命在课堂上涌动和成长。"黑板上写下的是真理，擦去的是名利。

其实，在笔者看来学校更像一个修炼所，学生在学校修炼，老师亦在学校修炼，修炼身体也修炼思想和灵魂。对学校老师而言，也许教学也有四重修炼方法，站讲台本身也是自我修炼，教育的手段无论形式如何也不过四种模式：指使、言传、身教、心传，这是教师行业的基本功底。

对学生而言，良好的师生关系是老师实施一切教学手段的前提，师生关系对学生学习成绩的影响是最大的，排在同学关系和亲子关系之前。诸如心传这种心领神会的师生默契，不是所有的学生都能感悟的。

传统的手把手地教学生是为"指使"，在课堂上带有一定的强迫性，被人诟病为不当教学，如"背作文""抄课文"等机械性训练。按照教育规律来说"脖子以上"是老师的教育领地，这手脚是在脖子以下，比较适合蒙训阶段。古时候，教书先生持戒尺而使弟子规矩于课堂，可谓"不怒自威"！我们也仅仅视"指使"为教育之初所运用的教学手段，随着学生年龄的增大和学习观念的养成，"指使"这一教学手段慢慢地在课堂教学中褪去。

言传是耳朵与思想的碰撞。对学生而言就是"听课"，说者有意，听者无心，幽默诙谐的语言可以让这种碰撞如邂逅般浪漫。我们读远古时代的作品，如同和古人促膝谈心，深切感受古人之言，余音绕梁而三日不绝。语言是教师的职业工具，如同船夫之桨，言为心声，虽然老师不是专业的语言工作者，但其本质是思想的启蒙者和开锁人。

身教恐怕不仅仅是老师展示例题这么简单，教者"孝而文"，一贯的儒家"行有余力，则以学文"的精神，先做人后作文。当2008 年汶川地震发生之时，东汽子校的政教主任用自己的身躯保护住孩子们弱小的生命，用他的生命捍卫了师尊和师德。而那些从学生手里剥削“补课费”而躲在阴暗角落的教师，面对这一幕，他必定在瑟瑟发抖。2014 年韩国“岁月号”海难事件发生后，自杀的副校长也又一次用生命捍卫了师尊，高声呼喊出：“来世还做你们的老师”之后，便从容自若地与世长辞，安心地与死去的学生为伴。也许，老师一辈子不一定能教出一名伟大的学生，但是至少可以教出一群高尚的学生。

心传如同无声无息、无影无踪的课堂，它类似于足球赛场上的传球，跑位的球员和传球的球员用心传演绎了一次配合。谍战剧《暗算》里的盲人阿炳能听到敌特的电台频段，就因为他是盲人，与其无关的纷扰世界无法通过眼睛灌入心田，才会听到别人所不到的频段，从而练就一副千里耳。所以，心传的境界对芸芸众生而言是沁人心脾的自我洗涤剂。如果拥有对金钱名利的无限欲望，便会污染发现自性的伯乐眼，如何心传？熊庆来教授安排华罗庚进入清华数学系的图书馆，华罗庚安排陈景润进入清华数学系的图书馆，陈省身也安排过吴俊兴进入南开大学的图书馆，且都没有告诉进入图书馆从事何种具体实务，但是他们都能心领神会。可以说，老师独具特色的个人人格魅力，才是学生领悟心传的源泉。

对老师而言，上好一节课，就如同做好一道菜，好老师如同好厨师，我们有挑选厨师的权利，却没有挑选老师的权利。对学生而言，没有权利挑选，只能调整自己的各种行为习惯去适应老师的教学风格。

理想的课堂是从问题开始的，没有问题的课堂是没有科学性的。从问题的提出到对问题的层层深入，直至问题的最终解决，老师通过教学过程设计来启发和引导学生迅速抓住问题的本质。在课堂中要给学生提供一定的空间，给其提供一个充分展示思维过程的机会，切实地做到教与学的真正融合，不断推进学生思维层次的深入和发展。只有这样，学生思维的缜密性和逻辑的严谨性才能真正得到训练。教育教学追求“知识的问题化”是当今课堂教学的理想和研究高效课堂的理论基础，老师的课堂教学已不再是把知识直接交给学生，而是通过“学案导学”或者“讲学稿”使学生产生问题意识，通过课堂这个平台，使学生在探究问题的过程中获取知识。这种方式对能力的要求其实更高。

我们按图索骥的时候，地图就是行走的思维导图，课堂上的例题建模是解题的思维导图，写作大纲是作文的导图，剧本是影视剧的思维导图……不断修改的过程就是思维优化的过程，人类在经历过说教课堂时代后也会迎来导图课堂时代，那时教材不再绑架课堂，学生可以似鸟儿一般在课堂飞翔。

课堂是以听课为主，笔记为辅的传统学习方式。课堂学习方法首要解决的问题便是听课过程中听与记之间的矛盾。课堂是实现零作业目标的第一步，同时也是实现轻松学习的首要。关键问题浓缩一点——课堂效率！作业要实现巩固功能，主要是以课堂效率为考量的。一般来说，课堂效率越高，作业量越小；反过来看，如果课堂效率低，为了达到巩固功能就只能增加作业训练量了。山东某学校就规定凡是课堂练习正确率高的学生，可以放弃一部分课后的家庭作业，实践效果也很好。

目前，很多学校忽视课堂效率，如高中阶段三年的课程两年讲完，之后便开始永无休止的训练。也就是说，按照科学规律，需要三年才能建好的大楼，结果提前一年完工，完工后就开始漫无止境的修补工作。仔细研究学生在课堂的认知过程就会发现，本来是细嚼慢咽的过程，却被学校无节制地加快了进度，一定程度上影响了学生的认知，降低了课堂效率。不重视课堂教学效率是导致学生成绩分化的第一因素。

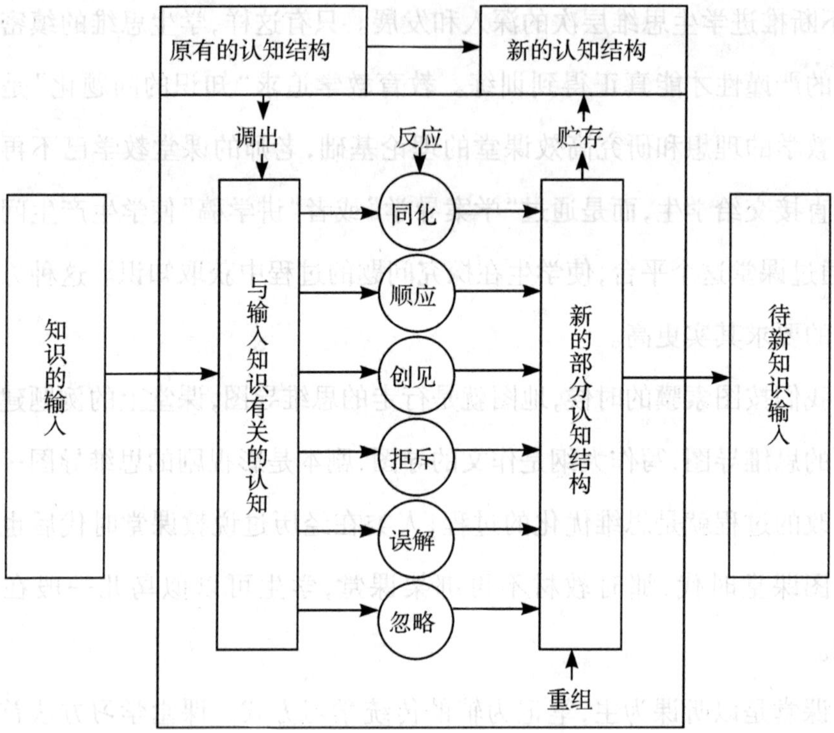

图 1-3　学生课堂认知过程表现图

总而言之,课堂因素和复习因素对学习成绩的影响占比达 80%。个性学习方案其实就是在解决学习方法战略认知问题,把课堂和复习联系起来的载体就是:课堂笔记!所以笔记和作业(习题训练)最终构成了 28 法则。战略认知的简约化,为我们解决学习的个性化问题提供了一个实效的平台。

我们先通过一个简单的游戏认识一下课堂笔记的作用:

(1)桌子上放一个苹果,如何带走?

答:用手。

(2)桌子上放两个苹果,如何带走?

答:用手。

(3)桌子上放三个苹果,如何带走?

答:用手(两手兜一下)。

(4)桌子上放一堆苹果,如何带走?

答:用袋子。

这个袋子就是课堂笔记,知识点就是数量不断增加的苹果。只有用袋子才能装进更多的苹果,同样,只有记笔记才能获得更多的知识。我们会发现小学、初中、高中乃至大学阶段是一个苹果数量不断增加的过程。当然,伴随着思维的不断发展,数量增加是表面,核心是随着数量的增加你的学习方式也随之发生着有益的变化。也就是说,学习方法革新是伴随年级上升而不断丰富其认知工具的过程,学习方法不是与生俱来的,是动态的发展和自我完善的一个过程,在这个过程中你会找到适合自己且具有长远意义的学习方法。

课堂如同一个餐厅,喜欢吃的食物并非是易消化有营养的。课堂的知识获取亦是如此,听懂的知识不一定能理解,理解了也不一定能灵活运用。听懂只是表面现象,理解才是问题本质,理解的也不一定就是当时听懂的。小学和初中的学习过程就存在这样一个转型过程。初中阶段的知识不适合死记硬背,而应该试着去理解,没有理解而形成的记忆经不起实践应用,考试的时候就会发现:似懂非懂、学非所用、学难致用。

听课必须要有控制工具,那就是课堂笔记。课堂笔记能很好地控制课堂知识的输入和输出进度,让学生更好地把握知识细节。记笔记首先是一个习惯,其次才是一个方法。在成年人看起来,听课必须记笔记这个习惯非常简单,但对于小学生来说,这个习惯需要老师六年的引导才能培养起来。课堂笔记的“启蒙教育”在五年级或者六年级是比较合理的,可以不做技术方面的要求,但要实现理科笔记“零的突破”。据查小学阶段语文的笔记还是比较普遍的,但涉及理科知识的笔记就相对少了很多,所以要把小学教育称作习惯教育或者养成教育,引导学生养成做笔记的好习惯。小学阶段知识点相对来说比较形象化，数量少且时间充足，所以，小学老师对课堂笔记几乎没有硬性的规定。但是，到了初中阶段，抽象性知识增多，课堂笔记无疑是学生控制课堂的中枢。因此，初中阶段对学习习惯的重新矫正是非常必要的，为初中、高中、大学乃至终生学习奠定基础。学习习惯可谓一旦养成，终身受益。

人饥饿的时候要吃饭，吃饭是一个习惯，但是吃饭时使用工具的不同就是一个方法问题了。习惯和方法的关系可以比喻为母子关系，习惯是方法之母，先有学习习惯再有学习方法，没有学习习惯的方法只能称之为临时性的方法，雕虫小技而已。这一点前面也曾经论述过。

学习习惯的不稳定导致了学习成绩的不稳定，心血来潮做一次数学预习并不能提高成绩，养成课前预习课后复习的学习习惯才是提高成绩的关键。如果哪天学习变成了像吃饭和睡觉一样的习惯，那就是自然了。陶行知先生倡导的生活即教育，教育的生活化，如同孔子所言：少成若天性，习惯成自然，古人和今人对教育本质规律的认识是一致的。

归纳一句：听课记笔记是获取知识、消化知识的关键！听课和笔记的关系犹如碗和筷子的关系，两者是不可分割的整体，听课不记笔记犹如有碗而没有筷子。

学习成绩影响因素的20%源于复习，那么我们再来探讨笔记和复习的关系。实际上高效学习的首要因素还是课堂效率，如果在课堂上没有抓牢知识点，那么复习的占比就不仅仅是20%了。课后复习可以借助很多工具来完成：书本、笔记、教辅、家教、做题等。形式多样且内容丰富，可谓条条大路通罗马。笔者认为，在如此多的复习工具中，最有效的就是课堂笔记。放学后学生应该先去整理笔记，然后再做作业。先吃饭再消化，整理笔记是吃饭的过程，作业是消化的过程，学习过程就是协调各个环节的先后次序。

教学实践证明:一个成绩上游的学生使用课堂笔记做复习工具一般十分钟左右就可以搞定一个单科复习,使用教辅做复习工具则需要十五到二十分钟左右;一个学习成绩中下游的学生使用课堂笔记做复习工具一般单科需要二十分钟左右。使用教辅做复习工具需要三十分钟左右,而且效果不是很明显或者没有效果。无论从学生和老师来说,还是从系统性、时效性来说,课堂笔记在复习工具中占据压倒性优势。仅仅从系统性看,运用笔记把课堂和课后复习地衔接起来,就像汽车更换零件时使用原厂配件一样,课堂笔记也可以称之为课堂的原产配件。课堂笔记记录了老师讲课的思维逻辑,使用笔记来复习就能还原课堂。

归纳一下,笔记是复习的原配工具!笔记衔接了课堂和复习!笔记按照足球原理说就是中场的组织者,把后卫和前锋衔接了起来,球队的防守和进攻形成了一个战术体系。

笔记作为载体其实和作业(习题训练)构成了28法则。在本书的试卷部分,笔者还会详细论述课堂笔记对基础知识掌握和考试成绩的直接影响。学生若掌握了记录课堂笔记的方法,课堂效果就会好,基础知识问题就能解决好,课堂和课后衔接问题就能解决好,复习效果问题也能解决好,学习成绩的80%就能解决好,课堂笔记简直就是一个“五好”先进工作者。

课堂笔记作为一门学习技能伴随了一个人的终身,学生时代主要使用课堂笔记来完成课后的复习工作,那么成年人使用笔记则是工作技能的一个主要形式,如公司开会的时候要有会议笔记。研究发现,学习成绩优秀的学生,他们的课堂笔记不是笔记,简直就是精美的工艺品。吉林省一位高考状元就曾经在考后销售过自己高中课堂笔记的复印件,非常受欢迎。因此,从学习技能的角度来说,学会记课堂笔记就是联合国教科文组织倡导的终身学习观念。

系统学习方法中对课堂笔记这门技术要求是比较高的,但遗憾的是,多数学生对课堂笔记的重要性认识不清,原因在于他们在学习实践中就很少钻研记录课堂笔记的方法。学生常见的课堂笔记要么是板书,要么就是匆忙记录在书上,总之,同课堂笔记标准化的要求差之甚远。对于课堂笔记记在书上这一现象,本人坚决反对。从知识迁移的理论分析,书相当于知识点原材料,知识怎么从书上来的呢?老师通过教案把教材(书)上的知识点进行提炼,结合教学经验进行再加工,从而形成一定体系的教学方法。一般来讲,经过老师的教案和课堂的再加工,学生在课堂上得到的知识已经是半成品。我们把原材料和半成品堆放在一个库房(书上),就容易混乱,不利于考试时候知识的迅速提取。

把课堂笔记记在书上的同学我们可以做一个简单的测试:

第一,考试前复习的知识,考试偏偏不考核,考试前没有复习的知识考试却偏偏考了,你存在吗?

第二,答卷时把原本答对的一道习题,莫名其妙地给改错了,你存在吗?

第三,考试的时候绞尽脑汁想起一些知识,却似是而非,无法运用,你存在吗?

以上任何一个问题的存在都说明学生知识存放的不合理,由此造成的后果就是提取知识困难,课堂笔记记在书上最大的问题就是知识点在书上过于分散,不利于进行考前的集中复习。由此又引发另外一个常见的学习问题:小考或者单元考试成绩不错,但是遇到大考,如期中或学业考试成绩就下滑,说明什么问题?

小考成绩不错说明课堂学习效果很好,课后的作业巩固也不错。按照复习的广度分为小复习(日复习),中复习(归纳),大复习(三轮复习)。大考成绩出问题是因为中复习出问题,问题出在什么地方?中复习的主要工具也就是课堂笔记出了问题，这是导致大考出问题的关键所在。由此可见，课堂笔记对考试成绩影响的重要程度。因为文科知识点的数字化很明显，十个就是十个，所以文科课堂笔记的技术含量没有理科高。即便如此，很多学生的文科笔记仍存在很大问题。不妨说一个现象：多数学生的文科笔记要么记录段意或中心思想，要么记录一些课本以外的老师补充的文学常识。几乎肯定地说，段意或中心思想在中高考中是永远不会考核的，中高考在阅读选材时也不会选择课本上的范文，而是陌生的文章。老师补充的课本以外的文学常识属于超纲，涉及这一类常识的习题容易被认为是偏题，一般中高考也不会考核的。但是中高考经常考核的字词，句法很多学生一个也没有记录。前不久浙江的一家媒体报道，杭州某大学学生不会记笔记，恳求教授把 PPT 拷贝给他们，被教授拒绝，当时都闹出一大笑话。

下面我们举例说明理科笔记的标准方案。

第一个要记录的当然是重难点。什么是重难点？重难点相当于老师的板书，一般老师把自己课堂教学的重难点通过板书体现出来。老师与学生在课堂的相互理解配合决定着听课效率的好坏，学生对老师的教学意图不理解就相当于在师生之间竖起一道墙，这样的结果会极大地降低课堂效率。举个例子，大家在玩游戏“斗地主”会发现两家联合对战一家时，两家的资源比一家的要丰富，因此从概率上分析一般两家对战一家的胜率要绝对高，但是在实际操作时会发现往往就是因为两家的配合出现失误而没有实现资源优势的最大化，过度损耗浪费或者闲置导致了失败。老师不会在黑板上写与课本主要知识体系无关的内容，因此，理解老师的意图后，再做笔记学习效率就会大大提升。

第二个要记录的是课本以外的例题。我们都知道理科的书本上是有多个相关例题的，那么老师为什么还要增加课本以外的例题呢？中国人有句俗话:“台上一分钟,台下十年功”,老师讲课一般四十分钟,但是备课就要花费四至五个小时,所以说,老师讲的课本以外的例题是百里挑一的,其含金量不言而喻。在学校教育中,一个平行班级的同一个科目一般有好几个老师担任,如何区别老师的教学水平呢?通常来说老师都是师范本科的专业人士,在讲解知识的重难点部分时,拥有十年工作经验的教师和两年工作经验的教师差别并不大。两者的差别主要体现在课本外例题的选取上,拥有较长工作经验的老师在课本外例题的选取上比较显实力,这个实力来源于长时间的教学经验积累,眼界决定境界,实力决定魅力!

课外例题的选取水平往往体现着老师对同一知识内容的不同深度理解。很多教书时间长的老师之所以停留在“教书匠”的水平就是因为不总结,即使拥有十年的教学经验但和那些仅有一年工作经验的教师的水平基本差不多。课本外的补充例题通常比课本内的例题难度要大,这是能力的拓展和延伸,能更好地指导学生形成应对难题的解题思路。

归纳一下,学生在听完一节数学课后,如果没有把课本外的例题记录下来简直就是“犯罪”!这么有价值的东西被学生随手扔掉实在可惜,真可谓:正眼观时一瞬间。这种行为直接导致考试的失败,学习成绩的好与坏不是无缘无故的,有很多的必然规律。

第三个要记录疑点。下课后每个认真听课的同学总会有在课堂上没有完全理解的知识漏洞,这个是难免的,课堂的理解程度能达到70%的学生应经是尖子生了(初一除外)。想要弥补这个漏洞就要学会趁热打铁,刚下课时是对本堂课的疑点认识最清楚的时候,花一二分钟就可以搞定上课没有完全理解的知识点。如果时间拉得太长,对疑点的认识就可能模糊,再准确发现疑点就需要一个作业的周期进行错题反馈。所以,家长也要配合学校的工作,每天检查孩子当天的课堂笔记有无疑点记录,及时揪出疑点并解决疑点,确保孩子对课堂知识的全面吸收。但现实情况是,很多家长因工作忙而疏于对孩子学习情况的管理,更没有时间检查孩子的课堂笔记。其实家长只需要在最初的二十一天中对孩子进行周密的监督,二十一天以后就可以不用每日检查,改为每周抽查,直到免检。课堂笔记的学习习惯形成后不用检查也会把难点、疑点标出来。换句话说,花二十一天的时间为孩子培养一个学习习惯,可以在初中三年、高中三年、大学四年,甚至是终身受益。家长留给孩子一生的财富不是金钱,而是一个学习良好的习惯!

中国家长含辛茹苦一辈子其实就做了一件事情:拼命为自己的孩子积攒金钱。钱是可以花完的,而一个好的学习习惯才是孩子终身享受不尽的财富。2008 年 4 月 29 日这天,地球上最有钱的人——美国微软公司的董事长比尔·盖茨先生把自己一生积攒的全部资产 580 多亿美金无偿地捐献给了社会,并没有留给自己的孩子继承。中国有句俗语:富不过三代,一个有钱的人家超不过三代就会出现一个不成器的孩子,为什么?因为家长太有钱了,他们早早为孩子准备好现成的车子、房子、工作,没有让孩子感受为生活打拼、为梦想奋斗的过程,这个过程能磨炼人的意志,让人养成一定的生活技能,省略掉这一过程的孩子很难在现实社会上立足,双手无一技之长,碌碌无为。所以培养孩子学习习惯也是家长的必修课。

第四个要记录的就是课本以外的公式。我们都希望给自己孩子授课的是拥有丰富的教学经验的老教师,所以诗人说老师是春蚕,老师是蜡烛,老师的崇高与伟大在于老师把自己辛辛苦苦一辈子在教学中总结的"私有财产"——课本以外的公式无偿地给了自己的弟子,因此,学生须怀着感恩的心去面对老师,好好利用老师上课补充的课外公式。

中学阶段能遇到这样的老师是学生一生的福气,老师用个人的知识和经验改变了学生的命运,这种奉献弥足珍贵。因此,学生在学习过程中应该对老师抱有一颗感恩的心，一个不知道感恩的学生走入社会以后也很难获得别人的二次帮助。在学习中，学生也要试着把这种感恩的心带给班级的每一位同学，班级就会逐渐形成积极良好的学习氛围。某些学生不愿意把自己总结的心得和所谓的"秘籍"分享给同学，认为不利于自己的考试竞争，这种心胸狭隘、目光短浅的同学往往会走入学习的死胡同。学习应该是一个分享和被分享、合作和竞争同在的过程，而不是什么"你死我活"的竞争，诚如此竞争还有何意义可言。

评价老师教学经验的一个重要的指标就是看课堂给予学生课本以外的知识量，对中上游学生而言更是如此。用一位江苏教育界专业人士的话来高度概括：将课本以外的知识（即技能型知识）贯穿于课堂教学的整个过程。教育学的一个原则就是教学相长，教与学的互相促进对于教龄长的老师相对积累量大，这种课本以外的公式在课堂外离开了老师，学生也可以获取到：通过习题训练自己进行总结，那么难度当然就大一些，不是每个学生都可以做到的。

第五个要记录的是知识归因或新旧知识之间内在联系。简单地说，就是通过课堂笔记这个平台把初高中一年级到三年级的知识全部链接起来，使线性知识和链性知识得到归纳，从而使新旧知识之间建立起内在联系，有效解决考试时试卷的二卷失分问题，这个需要在课后整理笔记的时候去思考，思考知识其所以然。

第六个要记录老师叮嘱或反复强调的知识点。除了板书重难点以外，很多带过毕业班的老师会把中高考命题中的一些热点区域提前给学生划出来，有利于后期的复习。一位德高望重的校长曾经这样说：师范大学毕业的学生一般五年以内就可以成为一位名师，为什么是五年，带一个循环就是三年，也就是第二次准备带毕业班的时候就已经是名师了，如果五年没有成为名师，则很可能这辈子就是教书匠了。

第七个要记录的就是中高考的考点。对中考高的考点进行整理，这个操作对于家长来说也很简单，把每年最新的中高考考试大纲从网络上下载下来，整理装订成册之后装进自己孩子的书包里，孩子们可以随时随地翻阅考试大纲，也能够清楚地知道哪个在课堂中所学的知识点，会列入中高考的考试范围，有利于孩子对重点知识的把握。这种未雨绸缪的学习方式把会把中高考的一年紧张备战转化为三年轻松备战，能够缓解孩子心理压力，提高学习效率。高三年级和初三年级学生的课堂笔记建议把一下五点记录进去：重点、难点、疑点、盲点、考点。

最后，从学习习惯的角度给予课堂笔记问题几点忠告：对于那些书包里是没有理科笔记的学生，小学老师必须承担起他们的学习习惯培养责任。对于那些书包里有理科笔记的同学，如果发现自己的课堂笔记和今天公布的标准化课堂笔记不一样的话，那些不一样的地方也许就是同学们知识点缺少的地方，是非常有价值的。这就是目前学习方法中的漏洞和需要调整、改善的地方。知识和习惯的关系就是水和杯子的关系，没有杯子的话水如何盛得住是个问题，只交给学生水而不给杯子，那不是真正的教育，只是低层次的知识传授而已。

目前，我们的教学实践中一直存在一种片面追求考试成绩而急功近利的思想。举个例子，很多小学数学老师经常让学生背数学公式，这种方法虽与理科学习规律背道而驰，却能取得奇效，很多小学生使用这个方法应对考试可以取得非常高的数学成绩，小学六年级毕业时数学达到95分以上，谁知4个月后初一的第一次期中考试数学成绩突然下降，小学学习成绩的假繁荣很快原形毕露，说明违背学科自然规律的任何做法只具有短期意义。

前面提到培养孩子的课堂笔记的习惯应该至少从小学五六年级开始启

蒙,课堂笔记是中学阶段学习方法中对基础知识影响最重要的一门技术。经过长期调查和研究发现:初中一年级也是课堂笔记习惯养成的最后成型阶段。在这一阶段中,家庭教育的配合也极为重要,家庭教育如果被忽略往往导致学校的课堂教学效果的不理想,课堂教学的知识如果是水,那么家长培养孩子的听课习惯就是杯子。家庭教育与学校教育的互补性问题是一个学生能否全面健康发展的关键。促进家校合作首先应是学校的主动引导,毕竟学校是专业机构而广大家长都是非专业人士。其次就是家长对互补性关系的认识和做法,有的文化程度相对较高的家长经常越俎代庖的为孩子讲解习题或者亲自操刀示范,文化知识的传播是学校的主业,当两个教育的功能发生了重复性投入,学生到底该听哪个?从知识到习惯,从共性到个性是二者分工的本质。

第二节 复习和记忆

本节我们主要探讨记忆的基本原理及在学习实践中的应用、复习策略。

遗忘是人类的朋友还是敌人?当痛苦的往事让我们难过的时候,遗忘是多么美好呀!遗忘是我们的朋友,清洗了大脑里消极的垃圾。当我们考试的时候,苦思冥想而最终无果的时候,我们是多么遗憾呀!遗忘和记忆是世界上最好的朋友,人类往往没有权利去选择遗忘和记忆,选择的权力往往在潜意识里,只有结果会告诉我们到底是遗忘战胜了记忆,还是记忆战胜了遗忘。这种只有结果告诉我们的东西通常只能在遗忘和记忆之间去选择主动性,对学生来说忘记什么知识不是自己能够决定的,当然忘记一个知识点也没有什么了不起的,关键是如何通过学习策略去降低遗忘。

遗忘是学习的天敌,学生们在获取知识的过程中必须克服遗忘。向同学们提这样一个问题:从懵懂记事的时候起,你第一次做的坏事还记得吗?百分之百的同学都记得吧,因为是自己做的为数不多的坏事,所以回忆经常像演电影一样在大脑中浮现。坏人记不住自己做的坏事是因为自己做的坏事太多,就像好人往往记不住自己做的好事一样。第一点说明记忆首先和“痕迹”有关系,好人能记住自己做的坏事,主要因为坏事会使心地善良的人产生愧疚感,当这种情绪会反复折磨一个人的时候,就会把在你心中留下的痕迹不断加深,最后成了永远无法抹去的一个“记忆伤疤”。第二点也同样说明记忆和“次数”有关系,好人不一定能记住自己做的所有坏事,因为时间的不断推移,一些小坏事或者危害不大的事很难再被记起,所以记忆很容易就被抹去。第三点说明记忆和人的情绪有关系,大喜或者大悲的情绪会给人留下深刻的印象,所以很难忘记。第四点说明记忆和数量也是有关系的,记住一个单词远比记住由多个单词组成的句子要容易。也就是说记忆和四个因素有直接关系:痕迹、次数、情绪、数量。

用生活中的这个事例我们就可以在改进记忆方面下工夫,人没有选择记忆和遗忘结果的权利,却有选择记忆和遗忘过程的权利,只要你想就可以改变策略,终会改变结果。例如,如果我们想要忘记痛苦往事的话,应该把以上几个要素减弱,如通过转移注意力不去想这件事情,给自己宽宽心,想想这件事情的危害并没有起初想象的那么大,由此来减弱记忆痕迹等。还可以通过和乐观的人交往来感染乐观的情绪,减弱坏情绪对记忆的影响,或者去用别的东西把大脑装满等。让一个人高兴和乐观的方法其实就是通过强化遗忘坏情绪来完成的。借酒浇愁之所以行不通是因为加深了痕迹,记忆反而更牢固了。

从另外一个角度把遗忘和记忆相互对比一下会发现,因为痕迹太深的原因,遗忘比记忆更难。就像有的伤疤很难从身体上抹去一样,深藏于内心的记忆随着时间的推移也很难忘记。

通过以上理论我们就会发现：对学生来说复习是强化记忆最主要的策略，我们刚才也谈了虽然记忆和遗忘的结果我们无法选择，但是可以选择过程，同学们选择复习就是选择了记忆的过程。按照以上理论来看：复习的次数、复习的知识量、复习时的情绪、复习时的痕迹（对知识的理解深度）决定了复习的方法和策略，研究学习方法其实就是想在每门学科中探索复习的规律，对学生来说复习如同听课一样重要，都属于“吃饭的工具”，不会听课就像绝食，不会复习就像拉肚子，两者都是对知识系统的破坏。如果抛开生理和记忆的关系，那么复习情绪的策略其实就变成时间策略了，某个时间心情愉快的时候发现记忆效果也很不错。

我们欣赏一下艾宾浩斯遗忘曲线（图 1 – 4）。

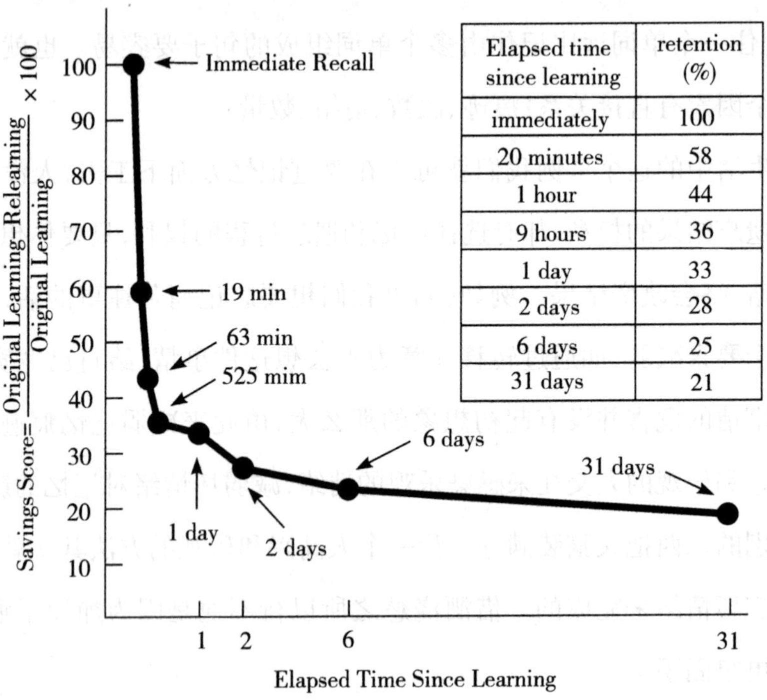

Elapsed time since learning	retention (%)
immediately	100
20 minutes	58
1 hour	44
9 hours	36
1 day	33
2 days	28
6 days	25
31 days	21

图 1 – 4　艾宾浩斯遗忘曲线

首先我们研究复习的次数。德国著名的心理学家艾宾浩斯先生研究的

“遗忘曲线”实际就是在告诉我们复习的次数的重要性。按照“遗忘曲线”分析看,先快后慢,在第一天和第六天两个点上从“遗忘最快”到达“遗忘开始慢下来”。因此,我们不能每天带着学生把以前的旧知识复习一遍,那是不现实同时也不太容易操作,“己所不欲,勿施于人”。随着一个学期知识越学越多,复习的强度也会越来越大,有些同学最后因为时间达到极限而彻底崩溃,天天复习还只是一种理想状态,前提条件是学生愿意做,能做到才有可能达到那种理想状态。因此,从“遗忘最快”到达“遗忘开始慢下来”的时间周期中就可以明确复习的次数,这样研究就会发现:七天内学习到的知识最容易遗忘,学生应把握住最容易遗忘的两个时间节点去反抗遗忘,学习效果自然会有提升。所以,第一天的日复习(小复习)和第六天的周归纳(中复习)会使得记忆的效果达到最佳,因为文科的知识点大多呈现出点状分布结构,因此以上复习策略的研究对文科的记忆和保持效果自然是最好的。

由于“遗忘曲线”是在完全机械性记忆过程中得出的结论,因此对研究复习策略中的次数是很有说服力的,机械性记忆通常都是次数和痕迹成正比关系的。当我们无法在没有规律的记忆表象中寻求内在联系性时,就只能借助次数去加深痕迹,从而达到熟练记忆的效果。也就是说,对于同一个知识点,一周内对其回顾两遍便可实现较好的记忆效果。对已经学过的知识点混个“脸熟”,才能在考试前的复习中达到牵一发而动全身的快速记忆效果。

二十世纪九十年代时,江苏杨思中学所倡导的“三清”运动曾经引发了学校教学的一次革命,这场运动所提倡的规律“日日清”和“周周清”也遵循了遗忘曲线中的两个记忆最佳的时间节点,通过总结我们会发现:从第一天、第六天、第十五天的周期间隔看也是先密后疏。第一次复习的间隔是一天,第二次复习间隔是五天,第三次复习间隔是九天,根据遗忘周期的先快后慢规律，我们的复习策略也应控制成与其相似的节奏，这三个数字就像音乐的节拍一样，踩上了节拍在音乐中翩翩起舞，学习就变得如同艺术一样令人心旷神怡。

复习策略中第二个要研究的是复习的数量。十九世纪中叶爱尔兰哲学家威廉·汉密尔顿(William Hamilton)通过观察得出：在一个无序的、随机的材料中(如随机的数字、字母)，一般人看后最多能回忆出九个，最少能回忆出五个。这就是7±2法则。要突破这个法则，只有通过不断的训练，让学生学会把记忆材料分组来提高记忆的容量和效率，模块化记忆这种策略就应运而生了。

通常来说数量越少记忆的效果也就越好，化整为零虽是兵法策略，但用此策略去学习知识也会取得较为理想的效果。就像我们在转移一百公斤的重物时，背负十公斤的重量跑十次和背负五十公斤的重量跑两次都能实现目的，但是大多数人通常会采用第一种策略，因为背负五十公斤很可能寸步难移，这就是人常说“少装多跑”的道理。运动员短跑比赛也是运用了这个道理，取得好成绩的关键在于步伐的频率，其次才是步伐的大小。以上的两个例子强调都是次数之于我们的重要性，学习亦是如此，对于那些大的、难吃透的知识点，我们要反复地去推敲它们，才能实现对知识的理解运用。另外，复习的次数和复习的数量也存在一定的关系，在探索学习方法时，应该留意自己平时复习的数量和次数在什么状况下可以达到较好的记忆效果，长此以往便能形成适合自己的个性化的记忆方法。在对知识的记忆方面，要学会运用“模块记忆”理论使记忆的内容更持久，同时要合理安排好学习的任务量，练习项目、记忆项目、新学项目等数量要适中才能获得更高的学习效率。还要预防心理超载，如学习中的认知负荷、主观的心理容量、主观的容忍程度等。

1962 年，加拿大学者默多克（B. B. Murdock）在实验中证明，首先，人最容易记住的是最先学习的部分和最后学习的部分，所以一个学习单元中，中间部分的记忆效果最差。其次，材料性质相近的学科之间在记忆中有抑制作用，不同材料性质的学科之间抑制作用要少一些。在教和学中，我们要注意到如下方面：

（1）老师在课堂教学的开始和结尾所讲述的内容，往往是一节课的钥匙或者重点，是非常实用的工具性知识。不同的老师对课堂时间节奏的把握是不同的，但要记住，只有最重要的事情才能占据最重要的时间。

（2）同学们要重视一节课的开头和结尾。开头的知识不仅容易记忆，而且是一节课的“龙头”。上课前应准备好相关的学习用具，课堂的黄金前十分钟不能浪费在准备学习用具上，课堂的黄金后十分钟也不能浪费在想象课间娱乐时间上。

（3）实验心理学研究表明，外界信息输入大脑的顺序很大程度上决定认知效果的理想与否。最先输入的信息作用最大，其次是最后输入的信息。大脑处理信息的这种特点是形成首因效应的内在原因，就像俗话说的“偏大的，疼小的，中间夹个受气的”。所以，学习过程中尽量使“U 型”的思维模式，知识获取过程就像杯子一样变深，而不是把杯子变成碟子。因此，背诵文章、单词时要变换开始位置，适当从中间开始背，从而解决中间部分记忆效果差的问题。

（4）只追求刻苦而忽视效率就像赤膊上阵的莽汉，只有把效率和刻苦有机地结合起来才能取得更好的学习效果。因此，每次学习的时间不宜过长，一般一个学习单位的材料以三十分钟为宜，知识贪多的话并不能完全理解，在后期的实际应用中就会出问题。

（5）合理安排学习材料的顺序。同一学习材料时间不过长，前后的学习材料要不一样,避免相互的干扰。做家庭作业时,科目的排列顺序也应该文理相间,不要长时间做理科习题,适当地把文科作业穿插进去,起到一定的调和作用。

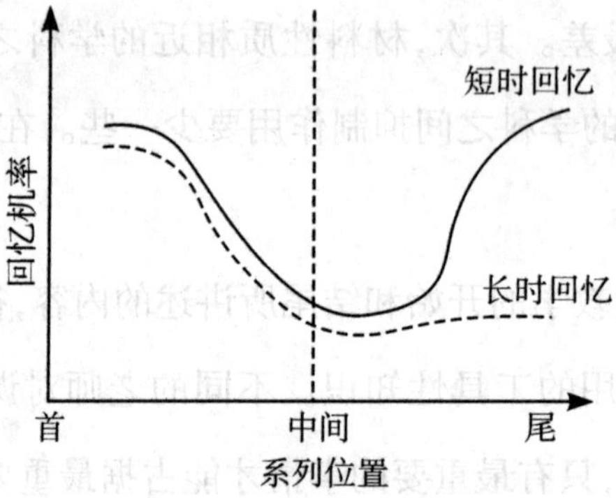

记忆的系列位置效应

图 1-5　学习过程中记忆力变化图

从图 1-5 中我们可以看到学习过程中记忆力的变化。心理学把前部分的记忆高峰称为"首因效应",把后部分的记忆高峰称为"近因效应"。

首因效应也叫首次效应、优先效应或"第一印象"效应,它是指当人们第一次与某物或某人接触时留下的深刻印象。第一印象作用最强,持续的时间也长。因此,学习中第一次接触知识点的心理效应在记忆中非常重要,寒暑假期间校外补课的中学生在学习新知识时一定要注意,一旦对新知识的认识出现偏差,开学后老师纠正起来也是非常麻烦的。知识的第一次印象在记忆中非常重要,"一见钟情"式的首因效应是应该提倡的,但必须确保第一印象中的知识是正确的认知,因为第一印象非常顽固的。首因效应是一把双刃剑,从记忆角度看是积极的,从第一印象的角度则是具有两面性的特征。现实生活中,诸如"新官上任三把火""下马威"等,都是想利用首因效应占得先机。

近因效应则是指学生在临近下课前的知识记忆效果往往更好,学习时把需要记忆的学习材料安排在近因效应和首因效应的时间位置上,则会产生好的记忆效果。

复习中研究的第三点就是痕迹问题，我们前面举例说明了痕迹越深，记忆效果越好，就像沙滩上的脚印一样，脚印越深越不容易被海水冲洗平。遗忘和痕迹的关系最为密切，所以几十年前做过的坏事还能记住，几天前学过的知识却容易忘记。很多年过去了，如果在毕业照上看到在记忆中没有"痕迹"的同学也会叫不出名字。痕迹的深浅取决于两个方面：一个是记忆表象本身的意义，如趣味性或者能够让人产生情绪波动的内容；第二个就是记忆的目的性，如果记忆的动机和愿望非常强烈，很容易刺激记忆表象进而产生深刻的痕迹，考前记忆的效果往往比平时要好也是这个道理。人们也常说小和尚念经——有口无心，没有深刻痕迹的记忆表象就只能依靠复习的次数来实现，但是这种方法并不能调动同学们学习的积极性。

如图1－6所示，我们看一个记忆的保持率。

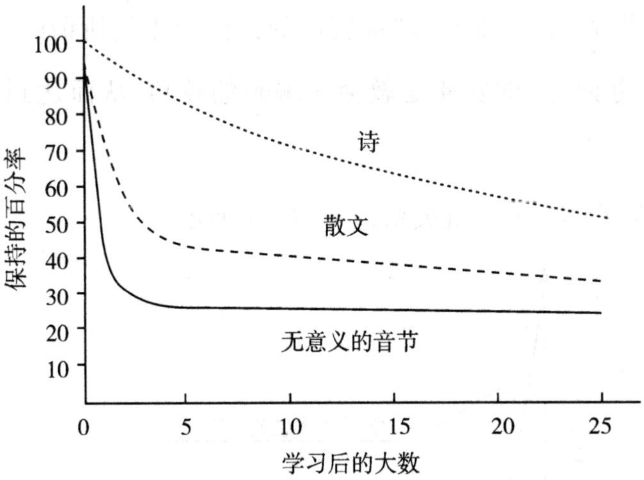

图1－6 记忆保持率

把没有意义的学习材料转化为有意义的材料也能够提高记忆的保持量，我们也注意到了在记忆的过程中如果产生兴趣，记忆的效果会明显提升，而产生兴趣的催化剂就是记忆的材料是否有意义，去记忆没有任何意义的字母，没有任何规律排列而产生的单词，就算是老师和家长，也不会从中感受到学习的乐趣。学习避免不了枯燥乏味,但枯燥乏味的结果是入门,有一天当我们进入以后会发现里面是快乐的。初中刚开始背单词确实提不起兴趣来,但是到入门以后,依靠阅读、收听广播、观看电影等多种形式背诵单词,这种寓教于乐的方式更能刺激记忆力的发展。所以,当记忆材料进入大脑的时候如果把没有意义的转化为有意义的,就不是死记硬背了。历史朝代的排列没有意义,有人把它编成儿歌,背起来朗朗上口就很有意义。化学元素周期排列也没有意义,同样编成口诀也创造了意义。把没有意义的转化为有意义的,这在记忆的过程中称为"编码"。通过编码进行储存,需要写出来的时候再进行解码,非常像发电报,先把文字翻译成数字,接收后再翻译成文字。而机械性记忆显然没有很好完成编码,记忆系统很快就会被装满从而导致新的记忆难以进入,保持量也像漏水的木桶一样,存储的终究所剩无几。世界上没有那么多"高密度的记忆天才",所谓的一些"超级记忆"或者"神奇记忆"的实质是教会人编码的技巧,从而达到惊人的记忆效果。

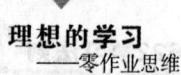

我们再看看遗忘和干扰关系,如图 1－7 所示。

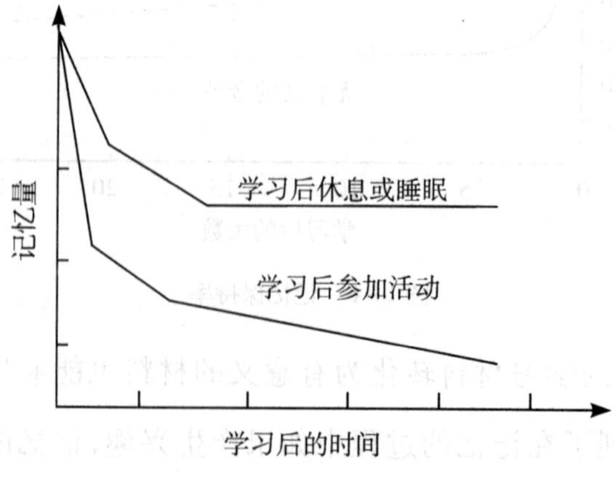

图 1－7　记忆遗忘图

心理学中也曾提到关于遗忘发生的原因:一方面是生理上的"衰退理

论”，就是说人因大脑细胞每天死亡十万个左右而产生了遗忘，因此，身体素质好的人一般比身体素质差的人记忆保持量要高一些；另一方面则是“干扰理论”，两个同学一起在教室学习一个小时后，一个同学选择的是放松和休息，另外一个则去踢足球了，结果是选择放松休息的同学记忆的保持量明显要高，通过上图我们可以在复习的时候总结出以下的结论。

（1）晚上在家看完电视以后不要马上写作业，而应该休息几分钟，以免看电视时产生的思维模式干扰到学习。

（2）从小学开始老师就强调课间休息不要追逐打闹，从学习效果上来说，课间的剧烈活动也会对课上的思维模式产生干扰。

（3）考试前身体不宜做剧烈运动，同样遗忘的发生会更加频繁。

（4）临睡前三十分钟记忆效果是非常好的，因为记忆结束后大脑进入睡眠状态，记忆的保持量是最高的。

（5）记忆时一定要保证周围环境是安静的，除了知识以外，进入大脑的元素越少，产生干扰的可能性就会减少。因此，家长晚上看电视的时间应避开学生记忆知识的时间，否则记忆效果会受到很大影响。

复习策略中第四个要研究的就是记忆的情绪问题，情绪问题涉及记忆准备的时候对记忆表象的兴趣、心态是否平稳、身体是否因疲劳而产生厌倦。学生刚刚被表扬或被批评过后，往往会反射出积极或消极的情绪，因此，可以看出情绪本身和痕迹的关系就很密切，而痕迹的深浅往往决定记忆的时间长短，也就是记忆的保持问题。在记忆时间和记忆数量相同条件下，有兴趣的记忆过程往往比那些被动的，甚至是应付式的记忆过程所用的时间更短，记忆的数量更多。

总结一下如果复习（记忆）效果 = 次数 × 痕迹 × 情绪 / 数量，其关系一目了然。所以，复习的策略从记忆的角度被归纳为简单的数学逻辑，但是这就是复习吗？当然不是，复习不是纯粹的记忆就能够概括的，如果说复习是为记忆服务的话，那么复习这个服务功能还算不上是本职工作，充其量只是一个兼职而已。离开了复习的话，记忆也就失去了他们部分意义，记忆只是复习的一个最基本的功能，但不是全部，这就是复习和记忆的关系，根据记忆的时间周期来安排复习的时间和计划，就能够实现复习和记忆的最佳搭配，如图1-8所示。

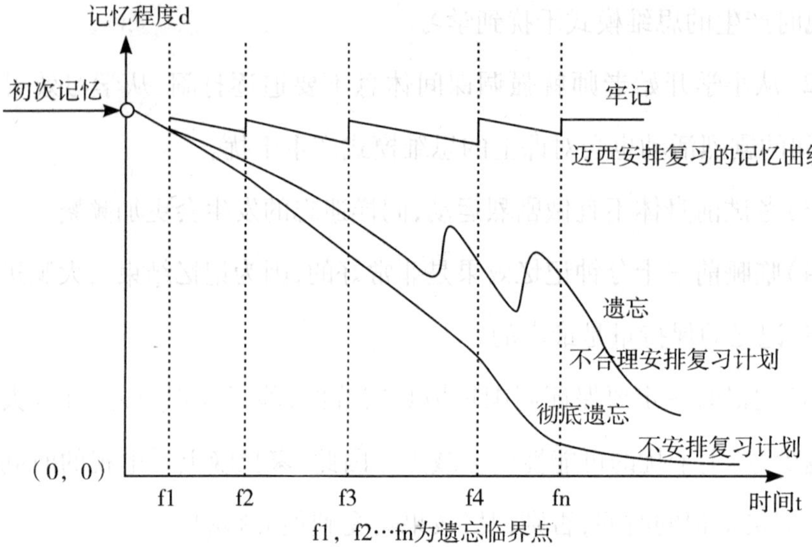

图1-8　迈西的记忆曲线图

研究迈西的记忆曲线启发我们在复习中应该注意以下问题：

(1)初次复习的频率越高越有助于记忆，也就是说当天学习的知识立刻复习，记忆效果最佳。通过整理笔记、背诵以及作业后的查找漏洞并反反复复地进行复习，效果尤佳。

(2)反过来也可以看到，长时间不复习的结果就是彻底遗忘，等于没有学习。以前学习时所投入的时间和精力全都没有了意义，效果几乎全部归零。

(3)我们从价值比较重大的中高考角度看，平时的考试突击是无益处的，也可以称为"自我欺骗性记忆"。为应对期中考试突击所取得的效果是暂时的，其记忆也是暂时性记忆或者短期记忆，考后如果不继续进行周期性复习，依然会彻底遗忘。

(4)如果想要达到巩固记忆的效果，除了初次复习的频率要高以外，在可能的情况下，经过一段较长时间的记忆搁置之后再次加大复习的频率，也能提高记忆的效果。这点对于复习文科的初三或者高三同学来说还是很有借鉴意义的。初次复习到中高考一般也有两到三个月的时间周期，应该在中高考前期加大复习的频率争取把两到三个月前的文科知识记住。因此，初次复习的时候可以适当控制投入的时间和精力，不一定要实现牢记的目的，先松后紧是一个不错的中高考记忆策略。

那么，我们现在就来剖析一下"复习"一词的其他内涵和主要的功能。第一个功能就是还原课堂，也就是所谓的"演电影"式的把课堂内的知识点进行回忆。研究证明一个正常成年人短期内一次只能记住3—5个物体，记忆的东西如果增加的话就会产生记忆覆盖。成人尚且如此，那身体机能发育并不完善的青少年记忆力就更弱。只靠记忆来还原课堂是不可行的，还原课堂就必须记录课堂，我们自然想到了课堂笔记，人常说"好记性不如烂笔头""眼过千遍不如手过一遍"说的就是这个道理，所以说，课堂笔记是复习最得力的工具！

教育理论证明，看一遍能记住10%，听一遍能记住20%，读一遍能记住70%，做一遍能记住90%，讲一遍能记住100%。从这个量化分析可以看出，复习依靠课堂笔记能做到100%的课堂知识实现100%的记忆，这就是理想的学习。花开千朵，先表一枝，复习的第一个功能就是实现花开千朵，为什么要先表一枝呢？那是复习的第二个功能，对听懂理解的知识和没有听懂理解的知识进行分离，并找到没有理解的知识漏洞。如果复习没有找到漏洞的话可以通过后期的作业、考试等手段来弥补。

复习第一个功能就是要对课堂笔记进行整理,使得课堂笔记完整化,可以总结为:整理笔记,完成复习!如果从工具的角度看,整理笔记不止是日复习的一部分,日复习整理出来的课堂笔记对中复习、中高考的大复习以及日后的中长期考试提供源源不断的助力。

依靠复习查找漏洞的过程也实现了课后生熟知识点的第一次分离,趁热打铁的把没有听懂的生知识和听懂的熟知识实现分离。有学生经常会反映一个问题:做复习似乎是没有用的,只看书的话全部能看懂,但是遇到习题这种实践性操作时就会出问题。这种否定复习作用的观点还是源于复习工具选择的不科学,复习的工具不应仅局限于课本,看书的过程其实也只是把复习做了一半,仅仅完成了演电影式的知识数量的集合,而并没有对集合起来的知识进行分类,也没有发现漏洞或者没有对知识点进行拓展延伸,这种浮于表面而没有深入复习的策略所产生的意义并不大。文科从记忆的角度加大了记忆的次数,还能获取到一定的记忆量,对理科的意义就不大。

理科的复习方法和文科复习方法不同的地方在何处呢?完整的理科复习方法是由“基础知识+练习+错题”三个模块构建而成,结合前面我们提到的我国中学教材设计的理科基础知识的构成模块:“(实验)+概念+例题”模式,组合起来的理科系统复习策略应该是“(实验)+概念+例题+练习+错题”,很遗憾的是,知道这个基本规律的学生太少了,在实际学习过程中大多数同学舍本逐末忽略对课本的研究。包含数理化在内的理科复习策略是五个部分,数学总共是四个部分,比理化科目少了一个实验的环节,更多的学生把理科系统复习中的五个部分做成一个部分:仅仅以为复习就是练习(习题),从而掉进了题海战,其本质是学习方法不完整。

第三节 作业的作用

本节我们主要探讨作业的分类、作业的现状、作业的基本原理和家庭作业常见问题的管理方法。

谈作业的作用其实也是在谈一种学习观念，就是对作业的认识和态度。认识论决定方法论，认识的错误会导致行为方式出现偏差。《论语》中讲：学而不思则罔！学习之所以困惑就是因为缺少思考，人生的迷茫又何尝不是如此！

作业是整个学习过程中的重要一环，目前学生大部分的课余时间都被作业占领。因此，作业在学习中的作用必须要明确：作业不一定就是做题。本书要把作业和做题拿来分别论述，在开始之前必须先把概念认识清楚。

第一是谈谈作业分类问题。通常来说，作业分为硬作业和软作业。硬作业其实就是进行习题方面的训练，也就是数理化、英语、语文等学科练习册上的习题；另一种作业就是软作业，即需要家长配合参与的作业，如背诵、预习、听写或者测量等。进入中学阶段以后这种跟实际应用联系紧密的软作业逐渐减少，课堂上获取的知识也很少有实践的机会。学生自学能力、学习的兴趣和热情也下降了。软作业是中学生技能培养的一个非常重要环节，国家新课程标准的实施，推动了软作业的调整发展。例如，山东杜郎口中学的“杜郎口模式”、江苏东庐中学的“讲学稿”，都是重新将预习纳入正式作业体系，重新重视并推广“软作业”教学。

放学后要求学生阅读、记日记、整理笔记、复习、错题整理、听英文歌曲或看英文电影、归纳一周或单元知识、习题反推母题、试卷失分统计、看央视《新闻联播》等等，这都属于软作业，其涉及面广泛且有寓教于乐的特点，是提升能力一个重要部分。

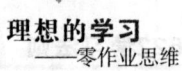

随着国家新课程标准实施的继续深入，除重视基础知识和基本技能即“双基”的培养之外，也会更加注重基本方法和基本情感的培养，改变学生落后且被动的学习方式。

仔细推敲一下可以发现，软作业和新课标的创新是有吻合度的，如阅读课外书、收看《新闻联播》等要求都属于情操情感的培养。做试验、考后进行试卷分析等行为都属于基本方法的培养，这算是基本方法和基本情感的一次联手行动。

软作业的布置最能体现一个老师的教育和教学素质，就像几年前浙江某学校在高中学生中进行过“学习方法主题周”的展示活动，把高中一个年级优秀学生的课堂笔记用绳子悬挂起来，在操场进行过一周的展示活动，那么多的优秀课堂笔记展示出来，对其他学生起到了一定的示范作用！如果某校也搞一个教师作业设计大赛的话，相信能为很多老师提供一个相互交流教学经验的平台。现如今的作业基本上都来自某个指定教辅而非任课教师结合学生们的实际情况精心挑选出来的，这是影响作业质量的一个重要根源。

作业是一门科学的同时，也是一门艺术。如果硬作业解决了科学问题，那么软作业就要解决艺术问题，让学生在学习中体验艺术之魅力，从而激发学生们的学习兴趣。本书诞生时作业只是一个狭义的概念，为了避免更多的家长或学生在阅读本书中产生误解，以下使用的作业概念特指硬作业，也就是做练习式的作业。

现如今很多小学老师在误导学生的作业观念，他们对作业的认识存在偏差，小学一年级便开始培养按时且按量完成作业的习惯。单从学习习惯培养的角度看，这个作业习惯没有什么可挑剔的地方，就像上课不能随意走动讲话一样，但是随着年级的升高，这个最基本的作业习惯中又夹杂了新东西，那就是不仅作业按量完成，还要追求正确率。老师告诉全班学生：某同学的作业全部正确，是个好榜样。多数学生的作业观念因此而逐渐发生了转变，开始片面追求正确率，作业正确率会直接反应作业质量，本无可厚非，毕竟没有学生会故意把作业写错。但是恰恰方式出了问题，很多学生对不会解答的习题问家长、问同学等，总之一定要保证作业正确率很高，但是考试时所反映出的正确率却未必如此。这样就凸显了考试正确率比作业正确率低，哪里出了问题？

我们发现很多逃避作业的“坏孩子”考试正确率居然比认真完成作业的学生还高！这简直是对作业正确率是一种嘲讽。有人说，那些孩子智商高可实际情况未必如此。他们也许只是歪打正着。这种现实恰恰反映出学生作业观念的问题，亲眼看见的教育真相也许未必是教育真理。

不妨做一个简单的作业习惯测试：在平时的作业中把某道习题做正确了，而考试的时候同类型习题再次出现居然答错，至少90%以上的学生出现过这个问题，原因究竟何在呢？

也许是因为请教过同学、翻书参考过，甚至是抄答案才能把这道习题做正确，并没有真正理解这道题所涉及的解题思路和知识点。比方说，我们第一次认识这个人的时候，他穿西装，而考试的时候，他换了一件衣服——马甲，于是就又不认识了，说明什么？其实，你根本就不认识这个人。这就是我们平时说的假理解，也就是知识的隐性漏洞，和知识显性漏洞不太一样，具有极高的欺骗性。可惜的是，原本可以在做作业时发现的漏洞被我们自己填平了，这些漏洞在考试时暴露出来惩罚了学生。古人倡导的治学精神是：“知之为知之，不知为不知，是知也。”自我欺骗的学习态度是要不得的，不仅浪费了时间和精力，而且学习的自信心也会因为无效的学习行为而逐渐丧失，我们甚至可以这样认为：中学生的学习推动力除了人生的理想，还有就是学习的自信和兴趣，自信和兴趣从哪里来？应该是从学习成绩的提升中来的，试想一下一个成年人做某件事情时总是为人后，那么也会逐步丧失对某事的兴趣，更何况一个孩子？当孩子屡次努力都失败的时候，会给其心理会带来多大的障碍。从失望到绝望，学习心理障碍在初期基本都是这样造成的，心理学上称为“跳蚤原理”，或者专业名词叫“习得性无助”。具体讲，是指当跳蚤无数次地努力想跳出容器的时候，每次都以碰壁而失败，久而久之跳蚤放弃了尝试，最终丧失了跳跃这个生理功能。同样的道理，学生如果在学习方法上出了问题，就应该趁早发现并解决，久拖不决的结果就是兴趣和信心丧失，这才是学习中最可怕的问题。恢复自信和兴趣是一件非常棘手的问题，耗费的时间长且成效低。

只有端正态度才能在完成作业中感受到学习的乐趣。零作业 所倡导的快乐绝对不是一句口号，而是在方法的支持下获得真正的愉悦。由此推断，写作业的最终目的是找出作业中的错题！

无论是学生还是家长都要注意：作业中出现错题的时候千万不要失望和难过，应该感到高兴才是，写作业不就是为了期待错题的出现吗？错题在作业中出现是成本最低的，如果是在高考试卷中出现错题，你将为此付出惨重的代价。假如我给学生布置作业，只要发现有学生把作业写成全对的，我就会专门找这个学生谈话：老师布置的作业居然敢写成“全对”，你真的都学会了？平时作业出现错题不应该沮丧，应该非常高兴地告诉自己：终于出现错题了，等了很久。作业出现错题的时候家长也不应该很武断地批评孩子，应该引导孩子分析错题，那种粗心导致的错题其技术含量很低。如果是因为“假理解”造成的错题，那么作业中简直就像捡到一个金元宝。所以，送给同学们一个真理：只有暴露作业的错误率才能提高考试的正确率，让错题的风暴来得更猛烈些吧。

以上就是作业中错题的意义。无论什么样的学生都会出现错题，错题现象是再正常不过了，对错题的处理才是我们学习中最值得注意也是最有价值的。

提高作业效率也是学生应该注重的环节，如写作业时花三十分钟做一道题是没有任何意义的事情，至少对这位同学是非常不适合、不恰当的训练方式，说明此道习题对于这位同学来说是“超载”，一辆原本只能装载五吨的汽车现在装载上十吨货物，那会是怎样的结果呢？损伤了汽车，也损伤了公路，可谓“损人不利己”，长此以往所造成的后果就是被别人在学习成绩上进一步拉大差距。学习效率才是学习的生产力，一个步行的人和骑摩托车的人如何比赛？辛辛苦苦花了三十分钟把一道习题做正确了，考试依然是不可能得分的，因为考试也不可能允许三十分钟做一道习题，比赛和训练是完全脱节的状态，这样的学生谈吃苦是没有意义的，在错误的道路上吃苦等于白吃。

老师布置作业的时候不可能就每一道习题都推敲一下适合哪种同学训练，因此对于作业中实在吃不消的习题应该采用三十六计——走为上策，在提高学习效率的前提下去追赶成绩更加优秀的同学，才会有进步。

买东西是要花钱的，钱是成本。做题的成本是什么？当然是时间，不计时间成本去做题也是学习中作业效率差的常见现象，因此“限时作业”也应当成为家长管理孩子作业时的一个基本准则，否则何谈管理效率。作业的训练目的和效率价值是等同的，丧失了效率其实就等于丧失了能力，那么训练出来的就是死板的能力，经不起考试的考验和检阅。丧失了训练价值的效率也是无本之木，无源之水，只有把二者紧密结合起来才能创造学习的实用主义价值和作业艺术的美感。

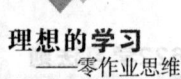

由此可见,作业的作用应该是两条腿,只是可惜绝大多数的学生把作业的作用变成了一条腿。因此在作业量很大的环境下,永远做一件事情:把学会的巩固一万次,而往往没有把不会的找出来,作业量大和考试成绩不能成正比,苦学和题海也不能带来微弱的进步,因为漏洞的真实存在不可能提升考试的正确率。

由于升学压力,老师为了确保自己的教学成果和教学业绩,需要增加作业量来巩固,因为学生离开学校后时间是有限的,数学老师作业量小,剩余时间肯定被英语或者物理作业占领,反正不会让时间空闲下来,与其被别的科目把课余时间占领,不如自己也增加作业量,反正多做自己的科目总归要好,哪怕好一点点也行。

那么是谁挑起作业量的“军备竞赛”的? 学校有两种老师:一种是“活化石级”的老教师,他们在原来应试教育实践中以作业量取胜,也曾经辉煌过,新老师来到学校后很快被迭代更新了。因此,有人这样评价中国当前的师资:一百年前死去的工人如果复活,已经无法工作了,数控机床肯定不会操作;一百年前死去的医生如果复活,也不会看病了,医院的高科技更加琳琅满目;一百年前死去的老师如果复活,现在仍然可以站在讲台上讲课。另外一种老师就是对自己的课堂极其不自信而且教学经验欠缺的新老师,一旦有某科老师的作业量增加势必激发原先作业量小的老师加入竞争的行列,于是恶性的科目竞争挤占学生课余时间的怪圈就形成了,加入其中后谁也无法摆脱,有时连校长也无能为力。从个性化学习的角度看,学生的优势科目应该适当让位给弱势科目,但是现在全乱套了,最终导致个性化学习方案无法形成。

第二是作业批改问题。过去老师如果不能批改完作业,这是非常严重的“教育事故”,甚至是师德问题。现在一切都变了。家长批改、学生相互交换批改已不觉新鲜。作业必须全部批改这个教学传统丢失后，助长了作业量的恶性蔓延，现在老师不能给学生全部批改当日作业已经成了司空见惯的事情。

做了那么多的作业，有的学生甚至连对错都不清楚，让人怀疑作业的第一个作用——巩固已学的知识。连这个作用都在衰退，学生们的学习无边无际且漆黑的隧道里穿行一样。

第三是学生对于作业的观念或者理念的问题。前面已经论述过了，在此不再赘述。

在个性化的学习方案中，应该体现出课后学习中知识点漏洞的差异，只要抓住这个漏洞就可以迅速提高学习成绩，如何体现呢？作业的作用在这个时候就发挥出来了：那就是学生错题不一样说明知识点的漏洞也不一样，每一道错题的背后都隐含了某些知识点的不牢固！

习题的数量不重要，重要的是做题过程中的错题处理方案，对考试成绩影响最大的是做错的习题，因为错题就是一个漏洞。可惜多数学生把它忽略了，导致作业效率至少下降一半。前面反复强调过做题的数量并不重要，重要的是做题的心态，即你为谁做题，凡是放学后急匆匆写作业的学生恐怕多数是为了完成老师的任务，眼到、手到就是心没到，这样怎能让作业变得有价值。学习效率先决条件是用心。

在个性化学习方案中家长必将扮演很重要的角色，只要家长经常帮助孩子整理错题，并监督孩子对错题进行整理，那么提高学习成绩不就很容易了吗？把复杂的教育理论简单化，提高学习成绩其实就没有想象中的那么复杂、神秘和不可操控了，当务之急探索一套适合自己孩子学习的教育方案尤其重要。

如何管理好孩子的作业？本书将第一次系统而完整地论述在作业管理

中纠错的具体标准。

家长的文化层次是良莠不齐的,如何实现家长分阶段、分层次、分类型的管理好孩子的学习,目前仍然是一大空白,就算一个专家对一群家长培训也很难讲出适合每个家长管教孩子的方式,因为没有分类标准就会导致执行力上出现偏差。

家庭学习管理分为五个部分:目标管理、知识管理、学科管理、过程管理、时间管理。这些系统化的管理需要设计清晰可见的执行标准,而作业管理则是横向实现上述五个管理标准的一个重要工作,为什么说横向实现?因为作业管理贯穿了五个学习管理的具体内容。

作业是学生完成课堂知识巩固和能力迁移最重要的工作之一,课后作业也是中国教育的一大特色。欧美国家绝大多数是重视课堂作业,而我们更重视的是课后作业。课后作业是在家长指导和管理下完成的,小学的管理标准要求家长检查孩子作业,尤其关注作业的正确率,换句话说孩子写完作业后家长亲自检查,这个管理标准按照本书的制定是比较适合小学三年级以下的,这个标准的依据是通过家长亲自检查促成孩子认真仔细地完成作业,是从学习习惯培养的角度制定的,杜绝粗心和书写不规范。因为小学一二年级是学习习惯养成的成型阶段,三年级会形成第一次学习习惯的分层以及学习成绩的分化。

那么小学四年级到六年级的作业管理和初中阶段的作业管理到底有什么差异?有一次下课后有家长反应笔者课堂上公布的管理标准和班主任要求的管理标准是相反的,这个在我看来从来不是问题的问题,在此有必要详细阐述一下。

小学四年级到六年级可以设计一个阶段性管理标准,孩子写完作业后的检查环节家长是必须要参与的,但是参与的管理标准只是督促,也就是

"介而不入",这小学三年级标准是不一样的,有管理方法的本质区别,前者是全身介入。那么,需要注意的是,在检查完孩子作业后,如果没有发现错误怎么办?家长必须继续执行介而不入的管理标准,因为之后还有老师批改作业的环节,批改后发现错误和批改前家长发现错误有区别吗?当然有区别,而且区别不小!老师和家长这两个角色在发现孩子作业错误问题上形成的穿透力度是不一样的,家长明显不如老师专业,老师对孩子讲话那就像"圣旨"一样,家长则不是,从孩子习惯的养成上来说当然穿透力强的纠错更容易促进学习习惯的形成。

依此类推初中家长对孩子作业纠错的管理标准是"不介不入",也就是作业完成后的纠错完全由孩子自己完成,作业的对错问题完全由孩子承担责任。因此,本人认为家长反映的问题属于初一年级班主任的管理标准滞后,不仅如此,该班主任甚至提倡学生互相批改作业,某种意义上这个问题可以上升到职业道德的高度讨论。

正因为允许和提倡学生互相批改作业才导致作业完成后的纠错由家长承担,那么试问文化程度低一些的家长该怎么办?也正是这样才导致了作业量居高不下,学生学业负担一步步加重,本人觉得郑州市教育局的做法就很不错:老师每天布置的作业要求老师自己也必须做一遍,这样有利于老师批改作业,也应验孔子说的"己所不欲,勿施于人"。

学生相互批改作业不仅仅是一个答案的问题,因为还有审题思路,如果审题思路不仅仅只有一个,如何让学生间相互引导?

综述一下,家长家庭作业管理中的纠错应该处于老师作业批改前,应该遵循三个阶段的三个管理标准,即小学三年级前:全介全入标准;小学四年级到六年级:介而不入;初高中阶段:不介不入。

经常有家长说要好好抓一下孩子的作业管理,什么叫好好抓?这里论述的纠错管理就是一项重要内容,切不可抓得太过分,过度管理反而适得其反。

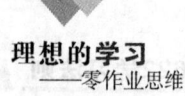

我们进行一个小结,作业可以帮助我们建立学生个性化学习的认知体系,也就是“学情分析报告”,是学生个性化学习的依据,对分析和评价学生个体学习现状具有重要意义,同时提出应对措施也会具有针对性。

(1)作业正确率是学情分析的基础数据。

(2)作业错误率是学情分析的基础数据。

(3)作业半对率是学情分析的基础数据。

(4)建立学情分析报表是培养学习方法的基础。

(5)理科的学情分析以周报表或者知识单元为依据。

(6)文科的学情分析以周报表为依据。

(7)作业管理过程要突出:透明性、独立性、时间性、完备性。

(8)单纯的错题改错式方案并不能完全解决学习方法问题。

(9)学生应该逐步培养建立“学情分析报告”的能力。

(10)周末是学生进行学情分析的最佳时机。

(11)老师的作业设计要酌情考虑“元认知”因素,引导学生反思。

(12)以作业为中心,课堂、作业、复习、小考,形成丰满数据链。

(13)老师指导学生的学情分析报告。

(14)预习环节数据适当参考,依据课堂模式确定。

(15)作业数量要关照习题难度的层次,这样数据更有意义。

(16)家长务必落实错题的独立改错工作。

(17)作业反思的行为要建立在数据基础上。

(18)家校合作管理作业质量的前提是形式上要统一化,互相理解。

(19)对于学习存在障碍的学生可以酌情改变形式。

(20)通过期中考试级别的成绩做学情分析报告的最终结论。

上面这段文字艰涩、令人眼花缭乱的理论，其实是想从另一个角度提醒学生作业的作用比我们实践中的更强大。作业不仅可以帮助老师和家长建立对作业原理的科学认知，还可以帮助学生提升作业过程中学习方法的水平，显然这是非常必要的。

接下来就是作业管理问题，准确地说是如何管理好家庭作业，或者说如何培养孩子的作业习惯。小学和初中阶段的孩子属于学习习惯不自觉型，因此作业过程陪读也是惯用的方法。但是，和小学生管理不同的是初中孩子进入青春期以后，陪读的难度是比较大的，几乎所有的初中孩子都会厌烦父母坐在自己旁边，根本无法专注于写作业，于是大多数的孩子养成了一个学习习惯:关门写作业。不仅如此，还要求父母进入自己的房间时必须敲门才行，谓之“尊重”。孩子回家后把门一关，一口气在自己的屋里学习了两个小时甚至更长时间。其实我们想告诉家长的真相是:连续学习两个小时是不可能的事情，肯定做作业的过程中出问题了！他们把门关上后屋里肯定发生了很多与写作业无关的事情，一些孩子在作业过程中听音乐、喝水、吃零食、打电话等坏毛病终于有了肥沃的土壤，滋生了很多后期很难改掉的坏毛病。

可以明确的是关门做作业对于习惯的养成弊大于利，所以如何打开孩子房间的门成了亲子关系的一门必修课，此处我们不会详细探讨亲子关系问题，所以在开门做作业的条件下去研究作业习惯的培养。

学生晚上写作业的时候把门打开会给家长带来生活上的不便，因为家长晚上在孩子写作业的其间是不能看电视的，开门后容易形成干扰。所以，很多初一和初二的家长，为了抵制电视的诱惑常常把电视锁起来，眼不见也就心不痒了，往往在周末才把电视打开“过把瘾”，孩子不看电视，自己也不看，和孩子一起不看电视似乎更公平。更有家长直接把家里的电视卖掉来彻底摆脱诱惑。中国人常说“可怜天下父母心”，这不仅指的是父母为了孩子花了多少钱,为了孩子的教育,父母在生活上做出的牺牲是无法用金钱来衡量的,初一年级和初二年级家长如果每天晚上电视看得很舒服,几年后孩子没有考上理想大学后悔也是没有用的,因为没有付出抱怨再多也无济于事了。

改变孩子学习习惯的本质是对家长管理方式的改正,所以人们经常说改变孩子首先改变家长,成年人的改变需要自我的毅力和意志,从可塑性上讲孩子的改变更容易,改变家长的难度显然更大。关于作业习惯的培养我们总结了黄金十条,和大家分享一下:

(1)作业环境保持安静。

(2)作业期间不要关门。

(3)作业前完成复习。

(4)作业过程不翻书。

(5)作业后检查纠错。

(6)作业中文理相间,理前文后。

(7)作业时间周期为一个小时内,中途休息。

(8)作业中的难题不过度纠缠。

(9)作业过程注意力集中,不穿插接打电话等生活行为。

(10)明确作业数量,监控作业过程,家长签字。

一位专业且优秀的家长对于家庭作业的管理应该是系统而完整的,所以我们不仅仅要学习管理孩子作业的方法,还要不断提高自身的执行力,用一句话概括:想,都是问题。做,才是答案。

第四节　注意力和粗心问题

本节我们主要探讨注意力问题对学习的影响、注意力不集中形成的原因、粗心与注意力的关系以及家长如何解决孩子注意力方面的问题。

注意力不集中问题是课堂的第一杀手，也是学习粗心大意的一副催化剂，注意力集中换句话说就是认真。注意力不集中和注意力缺损是不同的，前者可以矫正解决，后者则要吃药打针的，属于医学问题，我们常说的多动症就是注意力缺损造成的。

理想的教育首先源自理想的课堂，听课如同吃饭，一节课有四十分钟，四十分钟对老师来说不会产生注意力不集中的问题，因为在中国学校的传统教学中，老师主导了课堂的时间，换句话说就是凡是参与课堂教学环节的人，正常情况下是不会出现注意力不集中的现象，而学生则不然，参与度低的情况下往往出现注意力的分散或转移。

注意力的长度一般是随着年龄的增长而增长的，和年龄成正比例关系，注意力也是构成智力性因素（智商）的一个重要因子，我们可以参照下表注意力年龄标准。

表 1－1

年龄（岁）	专注时间（分钟）
<2	无注意力
2	7
3	9
4	12
5—6	15
7—10	20
10—12	30
>12	>30

以同龄人专注时间做参考，关于中学生注意力问题在实践中存在以下规律：

（1）女孩子注意力时间长度比男孩子要大，调皮这个形容词一般会安置在某个坏小子的名字前，文静这个形容词一般也是赋予小女生的。

（2）注意力和性格没有必然的对应关系，不要以为外向性格的注意力差于内向性格的注意力。因为外向的注意力不集中可以被老师或家长发现，而内向的注意力不集中不易被眼睛发现，我们一般称为“思想抛锚”。

（3）注意力“严重不集中”的时候就是医学上的多动症，目前貌似还没有出现过某个老头或老太太有多动症，可见注意力不集中和年龄的正比例关系中一定有一个临界点，也许人与人不同而已，所以要清楚注意力不集中和多动症是两个不同的概念。

（4）注意力不集中这个问题有一定的生理因素，同时更多还是一个心理问题，也没有听说过多动症会遗传，注意力不集中大多是孩子教养过程不当造成的。孩子生病的时候多动的毛病会减弱，说明多动症是精力过剩引起的心理和生理反应。过剩的能量对成年人来说也有两种表现：男人的啤酒肚和女人的水桶腰，成年人对过剩能量的处理方案是储蓄，孩子的处理方案是发泄。

（5）现代孩子的注意力不集中或多动症要比上个世纪严重，城市孩子比农村孩子要严重，值得一提的是农村孩子这一问题目前也非常明显。

（6）经济越富裕，人们对孩子的关爱方式反倒越单一，使得孩子出现注意力不集中的概率越高。

（7）爸爸妈妈亲自抚养管理孩子三岁以上的，出现注意力不集中的概率较低，隔代教育的家庭出现的概率更高，可见注意力不集中反映了一种生活方式。

（8）从生理的角度去治疗多动症的效果，再配合上心理干预其解决效果更好。

注意力不集中或者注意力缺损的并发症是什么？也就是其对后期教育的影响有哪些？这是我们研究课堂效果、研究注意力问题所必须关注的。

第一，和接触的媒体内容相结合。如果孩子在儿童期经常看一些武打片或者战争片，就会产生暴力倾向。入学后，打架上瘾，挑逗或挑衅同班同学成家常便饭，老师见了都头疼，恨不得这种孩子上课睡觉更好。

第二，孩子上学后一般出现学习困难或学习障碍，伤害比较大的是课堂，尤其是小学的考试成绩会受到制约。因为小学生的考试成绩受课堂影响要强于中学生。

第三，粗心的概率和强度更严重。粗心人皆有之，小学之前启蒙时期的注意力不集中往往是学习的核武器，对学习的影响是巨大的，易造成小学阶段基础知识的严重缺失，不要忘记了课堂是小学生获取知识的最重要的渠道。

第四，情绪往往比较容易失控，心态浮躁，爱好不专一。

有了以上认识后接下来的关键是如何解决问题？注意力不集中的问题后期会减弱，虽不会彻底自愈，不过不太会妨碍工作或生活，但是多动症不一定会自愈。笔者对这个问题的认识更多倾向于心理干预的方法，也就是用教育的手段解决。

第一点：一切离开教育原则的爱都是溺爱。一位哲人说过：只有没生过孩子的人才更容易掌握教育孩子的方法。怎么解释？没有生过孩子的人无法体会父子或者母子关系，可以脱离情感的纠缠，更加理性。但是要补充一下：任何脱离情感的教育都不是教育，教育的本质是爱。两句话矛盾吗？既要理性，又要感性，其实就是教育的辩证法，如果父母不认同这个观点，就会导致教育原则的不统一，妨碍孩子习惯的培养。

第二点：施行强硬的矫正方式。比如，把孩子的腿捆在凳子上，当然事先要做好思想工作,这也许属于理疗的一部分吧!最好父母也把自己的腿捆起来,“不动”的比赛就这样开始了,似乎有点艰辛,要注意循序渐进,就像弹簧一样慢慢拉,配套的动作当然不是傻坐了,儿童不可能像佛家那样打坐,如讲故事,背英语单词,写作业等都可以,甚至看动画片,这其实就是一个现实生活中的案例。

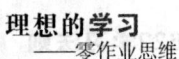

第三点:软的方式矫正。比如,围棋,绘画等训练形式,中国的棋琴书画都是养心的,也就是让心安静下来。兴趣一旦培养成功,就像培育了一种有益细菌去杀死另一种有害细菌,和预防接种一个原理,这个方案是最艺术化、最温柔的方式,取决于孩子父母的文化修养。

第四点:谈一个比较成功的配套方案,即让意志力来接管注意力。也就是从培养意志力开始,如有氧训练、慢跑三公里、爬山、游泳等选择,在意志力的周围建立篱笆,流汗不仅仅可以去除孩子身体里面的剩余能量,更重要的是让他们从内心接受“坚持”“意志”的含义。

第五点:父母改变自己的生活管理方式。买玩具的时候不再慷慨,旅游的时候不再一条龙服务,你变了,孩子也变了,变回自然天性的孩子。

有关注意力问题的研讨其实就是为了课堂的效率,绕开注意力问题谈听课的方法、听课的质量都是海市蜃楼,尊重和重视问题,我们才会思考问题的解决渠道,因为有的问题自身就是先决因素。为什么国家规定幼儿园一节课只有三十分钟左右,中小学一节课四十分钟,而大学达到了九十分钟!其中,最主要的原因就是尊重人的生理条件下注意力的长度。要突破生理条件下注意力的长度,最好的办法就是参与,在参与中激发兴趣和对学习的动机。对老师来说,利用学生正常的注意力长度来控制课堂节奏也是非常有必要的。例如,老师在讲解了基本概念后,不应该马上讨论直接进入重点,应该引导学生思路,有步骤地进入例题示范,让学生有参与感,以此来提升课堂效果。

保持良好的注意力，是大脑进行记忆、感知、思维等认知活动的先决条件。在学习过程中，注意力几乎是打开我们心灵唯一的门户。门开得越大，我们学到的东西就越多，这就是注意力的广度和长度。初中学生的学习应该像电视连续剧，每个学习周期的单位时间控制在一个小时以内，初中家长在孩子家庭学习环境中要注意管理：切忌长时间的学习，不仅学习效率下降也极易养成学习拖沓的坏习惯，同时助长粗心问题。有家长询问能否帮孩子把粗心的坏毛病改掉？心理学认为，粗心是无法用教育的手段彻底消灭的，只能降低。成年人其实也粗心，就算是尖子生也粗心，粗心其实是很无辜的牺牲品，很多人指责粗心的存在却没有使用措施把粗心控制起来，给了粗心成长的机会却抱怨粗心贻害自己。

下面我们就借此机会来揭开粗心的真相吧。

粗心是人的天性，没有不粗心的人。粗心形成的原因主要是大脑和行为的中枢指挥系统出现了故障。例如，在孩子1—3岁的教育训练系统妨碍了其神经系统的发展，中国老一辈的家长中有“抱孩子”的喜好，束缚了其四肢，使得大脑命令和四肢的配合经常出现“误会”，所以放养的孩子和动物是一样的，最能充分发展。西方育儿的观念中就比较强调孩子的爬行能力，爬行过程中脊椎得到训练，四肢和大脑的协调能力不断加强，西方还经常出现孩子的爬行比赛，中国老人大多害怕孩子摔了或者磕碰受伤，喜欢抱孩子。再比如，注意力对粗心的影响也非常明显，表现为注意力越短，粗心的频率和概率就越高。孩子在1—3岁的时候购买了过多的玩具，会导致兴趣的转移频繁，也就是喜新厌旧的机会增多。注意力的频繁转移就容易导致对某一事物的关注度下降，关注度下降就会在行为中出现牙齿和舌头吵架的现象，一个注意力长度是十五分钟的学生，在考试的时候注意力的长度会比平时稍微长一些，但是一般也会在二十分钟左右出现一次粗心，这个时间就是心理极限，自我已经无法控制粗心的出现，就像潮汐一样呈现出规律性特点。

我们可以看见：1—3 岁是教育中行为训练非常关键的时期，也是杜绝后期出现粗心问题的黄金时期。后期学生的粗心问题更多依靠改善注意力的长度，加大对事物的关注度而减缓粗心的发生。从生理的角度看改善中枢神经的协调或者控制系统几乎不太可能，已经丧失了最佳的发育时机。拉长注意力的方式是残酷的，从行为的接受上是非常不恰当的，这需要孩子在痛苦中更新，就像舞蹈基本功中的拉伸动作，是伴随着眼泪的。

我们见过无数的家长控诉自己孩子粗心，多么令自己遗憾或难过。然而，几乎没有家长为此感到自责，没有人知道孩子的粗心是家长训练失误的表现。控诉是无济于事的，因为后期改善注意力的长度减少粗心的做法是难以忍受和坚持的。

但是在考试结束以后很多孩子往往会把基础知识不扎实也归因于粗心，到底什么情况属于粗心？这里有一个识别的方法：考试结束后，在没有翻书或者请教别人的情况下，考试中的错题能够马上答对，属于粗心。反过来看考试结束以后，在请教别人或者翻书的情况下把考试答错的习题重新答对，就不是粗心，是属于基础知识不扎实，二者非常容易混淆，这是不重视复习导致的后果，也被称为“假粗心”。也就是说看错、算错、写错等葫芦画成瓢的失误属于粗心，想错就属于假粗心，思路的审理存在问题，应该属于基础知识的应用问题。

第二章 零作业的四化

从本章开始我们将在学习法则的基础上探讨实现“减负增效”的学习理论。教和学是两个过程,实现减负条件下的增效,既是一种学习理念,同时也是一种方法和策略。实现这样的目标,首先需要学习者和管理者统一思想,我们对这个问题的认知来源于学习法则,也就是说在学习法则的指导下,让每个孩子能够补齐自己学习方法的短板,实现个性化的学习,在此基础上开始减负,从而实现增效。尽管这是一个学习方法和策略的问题,但是已经开始延伸到问题的第二个层面,我们对一个学习成绩下降的孩子无法实现减负,更谈不上增效。

减负到底要减什么?增效怎么增?我们第一时间就可以联想到这个问题的突破口:作业量。那么实现作业量减少的条件必须是两方面的,一个是老师教的过程,一个是学生学的过程,教和学达到辩证统一才能实现学习效率的提升。在这个思想指导下我们对减负增效的教育理论可以用“四化”概括出来:例题习题化、习题模型化、基础九五化和错题标本化。这个理念的出发点是减少多余的作业量,通过提高课堂、复习和做作业的效率达到学习效率的最大化,作业的作用也能充分展示出来。下面我们分四节来具体阐述。

第一节　例题习题化

本节主要探讨例题的设计原理、例题的作用、例题的分类、例题在学习方法中的应用、例题和习题的关系以及实现例题习题化的方案。

毋庸置疑,例题是最好的老师!

我们先分析一个经常出现的学习问题。“老师,我上课时都能听懂,可是课后做题又经常出错,甚至有一部分题做不出来,考试成绩也不理想,不知道是什么原因?”

以上就是听课过程对例题理解不到位造成的典型问题,此问题导致学生做作业环节出现不会运用的现象。因而,听老师在课堂上讲解例题,决不能以为得到结果或结论就万事大吉,老师示范的不仅是解题的格式,更重要的是要学生能够正确地理解题意(审题过程),抓住问题的关键,灵活选择有关概念和规律并进行分析、推导(运算推理),最后达到解决问题的目的。

我们通过以上过程培养和发展学生的思维能力,同时比较不同的解题思路,对所学知识进行归纳总结,也就是说通过例题来搭建习题模型,使学生触类旁通,举一反三。课堂中的例题讲解分析过程是学生最直接的学习途径,也是“例题建模”的基本理论。复习课堂例题,不仅仅能加深对知识、技能的理解和思辨的作用,而且能强化公式、定理的记忆和运用。例题的作用很简单,其本质上是属于定向思维。因此,抓好例题,有利于夯实基础,形成良好的定向思维,对于作业中审题的帮助也是不言而喻的。

简单归结一下例题的作用:

(1)概念从思维符号转化为实践的工具:公式、定理。

(2)对定理、公式、法则举例说明。

(3)解题格式的规范化。

(4)理论知识和应用实践结合的一个最佳例证。

(5)课本内的例题体现了基本概念、基本定理、基本公式。

(6)课本外的例题则是利用所学知识进行思维延伸和拓展的基点。

(7)例题是学生实现思维举一反三的着力平台,就像三级跳远的第一个着力点一样。

如果学生能理解例题的功效,就可以在课堂中学会学习,不断掌握学科思维的基本规律,这样就会使我们巩固课堂所学的内容变得高效。

国家实行新的课程标准以来,从教材改革、课堂改革、考试改革等全方位推动新课程的落实,使课堂例题的样式百花齐放,新课标背景下课堂例题可以分为以下几种:概念型例题、基础型例题、应用型例题、探究型例题、综合型例题和试验型例题。例题式样层出不穷,目的是为了推动学生将获取的知识演变为一种技能。

课堂是一出大戏,拉开帷幕后各种角色将悉数登场,生旦净末丑,吹拉弹唱,例题则是这出戏的主角,授课老师是导演,老师选例题犹如导演选角,好的主角不光能在表演中体现导演的艺术意图,而且还能经过对角色的自我认知和加工达到意想不到的艺术亮点,为导演的意图锦上添花。以数学例题的教学过程为例,例题的选择或者自我加工的具体策略是:增、删、并。这三个策略使舞台剧剧情跌宕起伏,高潮迭起,从而在课堂中演绎了例题的核心价值。

一、增的策略

增是一个相对的概念。教材里的例题是原点。这种原点例题从考核的知识点、审题思路为学生提供了一个定向思维的标本,在此基础上为突出某个知识点、某项技能而增补强化性例题。或者根据社会发展的需要,增加补充性例题。也可以理解为在原点例题设计思路中增加新需要的考核重点和强调的知识点,在原点例题中加入考试常错的、易混淆的知识点元素使其成为一道优质的考题。

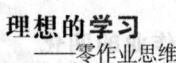

二、删的策略

在备课的教学资源中删去作用不大或者过时的例题。就删例题的本质是改变作用不大或已经没有训练价值的例题,改变其原有的已知条件或者隐含条件,再大胆一点也可以改变其结论。犹如空军在即将过时的战斗机中加入最新的雷达系统、武器系统使得升级后的战斗机还可以继续服役,重新焕发战斗力。

三、并的策略

为突出某项内容把单元内前后出现的几个例题合并为一个例题,或者为突出知识点之间的联系打破单元界限,把不同例题的思路综合在一起。这种在教学实践中所谓的“大单元循环”模式就是例证,这种模式下的例题就需要并的策略,“并”是实现知识点转化为知识线的推动者,没有并的策略就没有举一反三、触类旁通的艺术效果。

我们来研究一下例题在学习过程中的演绎过程,如图 2-1 所示。

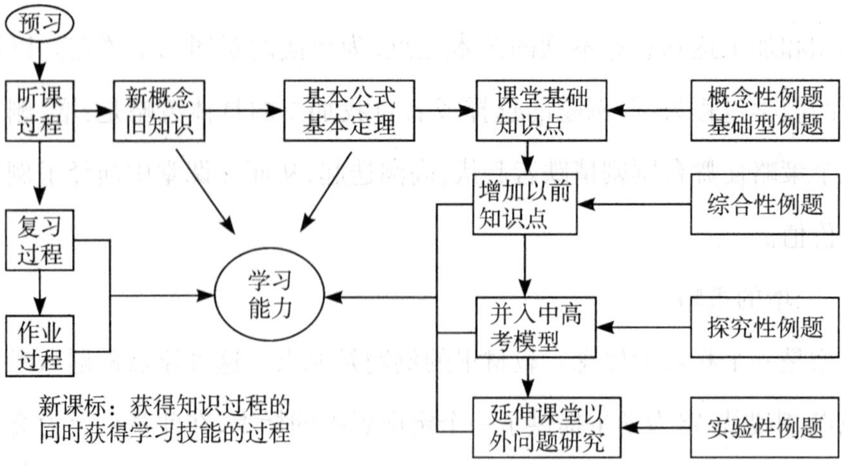

图 2-1　例题在学习中演绎过程图

总结一下，删并策略的本质是"变"的策略。变化的是外形，不变的是本质。不变的知识点和变化的例题构成了教与学的辩证法。考试习题越来越灵活，灵活也就是其多变性，应对考试的训练策略也应该是求变。

由数学可推广至整个理科学科，就理科而言课堂学习过程的理想构成方案是：概念和概念性例题相结合产生了新的公式和定理，公式和基础性例题相结合产生了解题思路，思路和综合性例题相结合产生了无数的解题思路。因此，学生在课堂学习过程中能否将课堂内的知识转化为一种能力，关键是能否通过课堂中老师对例题的举证得到这些至宝，理科课堂的核心价值是例题，因为例题产生了新公式和无穷的思路，最值得我们在课后复习中去回味。

那么例题在应用中到底能带给我们什么呢？在日常预习过程中掌握例题对知识点的概括总结，一般书本上出现的不是一道例题，而是好几道，预习中只要把其中的一道或两道例题的审题和解题过程搞明白，课堂上的点性知识就算到手了，换句话说预习基本获得成功。

理科的预习和文科不一样，文科的课文其实就是一道例题，文科书本里除了字词外基本由例题构成了，因为除了语法和字词外，考试命题的时候一般不会考范文（课文），换句话说就是不会考核例题。但是理科不一样，考试的时候理科试卷上的某些习题中总会有例题的痕迹，文科的阅读中虽不会直接出现例题的痕迹，但我们稍加思考就可以明白，实际课文（范文）想带给学生什么呢？文科的学习方法就是在增加字词量的前提下，不断地进行更大量的阅读积累。培养阅读习惯，绝不是读几篇课文（范文）能够达到的。文理科的教材需要老师吃透，同样也需要学生吃透，只有这样才能在课堂中理解彼此的意图，更好地达到教和学的辩证统一。

通过对例题的理解，可以为学习过程提供经验性技能。

首先，不能盲目尝试，乱戴帽子，乱带公式，而应力求简洁易解，要抓住问题的关键，在解题思路上有所得，并对思路进行数量上的归纳和演绎。因此，例题提供的就不仅仅是一条思路，否则就没有做例题的资格，达不到典型性的选材要求，一道例题带给学生的思路不止一条，这才是例题的价值。

其次，面对大量的公式，应归类后进行理解性记忆。归类记忆公式说起来容易，真正做起来的时候会发现解题的思路才是归类的源头，从一道习题到一类习题的解题思路需要例题提供最初的方法。举个例子来说，维修经验很丰富的技术工人，在工具箱的管理中也可以看到“经验”在闪光。他们把常用工具和不常用工具分开，把大型工具和中小型工具分开，把精密工具和一般工具分开，等等，这种归类的经验源于平时维修的过程。每次维修好一台机器后要对维修工具进行归类，实际也是对问题进行了归类，遇到相似问题就能做到“他山之石，可以攻玉”。

探讨了例题的作用，接下来我们探讨一下听课和做题的关系。听课和做题的问题，对于很多学生来说是经常遇到的。课后的巩固练习问题，不仅影响复习的内容，更影响作业的速度、正确率和考试的效果。

我们把要探讨的问题形象化描述：书本翻开感觉知识点都会，做题就是不会或者出错？课堂明明感觉都听懂了，到做题的时候还是有很多疑惑？学生在课堂上学到的知识，往往只是经过有限的事实材料论证，如理化科目的试验有限，或者未曾经历试验的情况下就仓促得到一个概念。虚无缥缈的概念在学生头脑中显得空泛、抽象。所以，我们需要通过例题教学，强化易错易忘的概念，课后在典型性习题、概括性习题和技巧性习题的引导下，强化学生对这类知识的理解记忆，使学生逐步把那些在大脑中处于孤立、游离状态的课堂知识，按照逻辑关系有机地整理串联起来，形成有序的知识网络，这就是将点性知识转化为线性知识和链性知识的过程。

多数学生在听课的时候总有一段时间是很认真的，而且在智力水平相差不大的情况下，也能很快达到“听懂”的目的，但在课后练习时才发现往往不太会做。因为听懂和运用之间存在一个门槛，这个门槛总时不时挡住学生前进的脚步，而且令人百思不得其解。这时，例题就像一位老师，是教会学生运用知识的良师，不会运用的问题就像被堵塞了的自来水管道，往往就是例题惹下的祸，例题疏通则思路泉涌。

从上面角度看课堂内的知识和课堂外的能力的衔接，其实例题就是一座天然的桥梁。知识是能力的基础和先决，因此，课堂知识的转换过程是学习过程中获取能力的关键，这个时候的例题多像武侠小说中的灵丹妙药，可以迅速把内功提升到一个新的高度。

听懂和运用之间存在的这个门槛，本质就是听懂的新知识能否加入以前的旧知识中去，线性或者链性知识体系中加入新的知识，融汇成网状结构。因为在学习实践中，孤立的知识点其实很少，就像氢和氧结合成水才能在物质世界中稳定存在一样，要跨过听懂和运用这两道门槛，最好的老师就是例题！

例题是老师教学智慧和经验的结晶，从例题的选取上，就可见老师的内家功夫。一节课的设计成功与否，例题是关键，知识在转化成为能力的过程中，例题也是功不可没。小学考试试题侧重知识考核，在中学阶段则以能力的考核为重心。“能力是教不出来的”，知识向能力的转化过程中对例题存在误解，或者不知情的状况下迅速转入作业习题的训练，这是知识向能力转化过程中极易犯的错误。

实现课后零作业的一个重要的棋子就是例题，因为例题连接了课堂和课后，连接了知识和能力，连接了记忆和理解，连接了作业和考试，也连接了老师和学生，是知行合一的标杆。因此重视例题的选择、讲解和反思是老师教学智慧的一个重要体现,往往在理科中尤其明显。而文科老师在例题的选择上就会主动变化为阅读,通过自己知识面的拓展来引导学生对阅读产生浓厚兴趣,这样的教学模式是最好的启蒙。

通常来说,课堂上的例题除了教材中的,老师还会补充一些课本外的例题。课本内的例题是忠实于章节的标题,细心的学生会发现在理科的学习中往往在概念产生后就会存在一个概念演变为公式和定理的过程,可以说是概念和以往的旧知识催生了新的公式和定理,因此,有的公式和定理产生的过程本身就是很好的思路,也算是一种例题。学生首先掌握了这些以后才能谈得上延伸拓展,向课本以外的补充例题进军。这类补充例题的演变、引申和推广应该受到重视,如交换例题的已知条件和结论,改变图形的位置,适当删减或增加条件等,很容易从一个转化为一类,触类旁通就是这个道理。一般教材中的例题是最"纯真"的,某公式就含在某例题中,而补充的课本外的例题则是"复杂而有城府"的,以前的两个旧知识点加上今天这个新公式,仨人唱一台戏,把今天学的新知识像织布一样编进旧知识形成的网状中,这就是课本以外例题的神奇功效。

实际上中国学校教育实践中,究竟有多少老师在相对落后的教学环境中,每天为学生准备例题呢?如果课本外的延伸例题都取材于某些教辅书的话,我们不能相信其技术含量可以代表这个老师的教学水平,换句话说一个老师是否把自己的课堂当做一件作品去设计,假如教辅书占据了"课本外的例题",那么我们再谈教学的艺术简直就是痴人说梦话。如果是这样,那么有一个专门的例题本就将面临无米下炊的尴尬局面了,总不能把教辅书上的"课本外的例题"再誊抄一遍吧,那样岂不是形式决定了内容。

因此,老师讲解完课本内例题,学生最好能再把课本以外的例题抄录在例题笔记本上,待老师开始讲解审题和解题过程的时候,要认真听课,千万不要再记笔记了,这个时候记笔记是很愚蠢的,认真听课对学生来说才是最关键的。听例题就是听思路,思路的反复碰撞就是学生的审题过程,碰撞出思路了,作业的题目也将迎刃而解;反之,思路碰不出来,审题就出问题了,就会形成半对或者题目只解一半就卡壳的现象。

因为例题未能及时消化的问题,也引发了理科课后复习出现各种错误的问题。这点在前面章节已经论述过,理科的笔记整理也就是复习,换句话说就是把课本以外的例题解题过程自己再还原出来,等于把题目重新做了一遍,当然这个行为已经是在听课结束几个小时后了,检阅自己是否真的理解和学会运用,还原出课本以外例题的解题过程就等于已经越过了听懂和运用这道门槛,学习的有效性大大释放出来。总之,例题是解决听懂和运用之间最棒的“桥梁”,把课本以外的例题像习题一样做出来,也就是例题的习题化。

下面我们以数学和物理学科的比较为例说明一下例题的重要性。

初中刚开始接触物理学科的时候,概念相对较多,因此,学生不自觉地使用了机械性记忆。高中物理学科和初中最大的不一样是:由初中形象性概念的建立向高中抽象性概念的转变,因此物理学科基础知识的标准构成是:“实验+概念+例题”的知识模块;而高中数学基础知识的构成是:“概念+例题”的知识模块。通过对比就会发现,高中物理和数学比较是基础模块构成差异,相对来说物理的知识模块构成更复杂,数学是理科基础性学科,高中数学成绩好的学生不一定物理成绩也好,而高中物理成绩好的学生一般数学成绩肯定不会差,这是二者学科规律的必然,不符合这个特点的学生,在数学的学习中一定存在非学习以内因素产生了不良影响。例如,不喜欢老师的教学风格抑或初中或小学的数学运算能力曾经被耽搁过,数学学习能够综合发展学生的空间能力、计算能力、阅读理解能力和逻辑推理能力,是四个方面的综合能力,而物理学科在数学的基础上多了一个实验设计能力和动手能力。因此,简单说物理源于数学又高于数学,青出于蓝而胜于蓝。

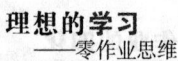

什么是知识模块?通俗的理解就是零件,零件是一台机器的基础,把每一个知识模块进行逻辑推理后,组装起来就构成了机器,在组装过程中例题就扮演了一个非常重要的角色,彻底地理解就不至于在机器成型后存在很多的"软故障",这种软故障排除起来相当地麻烦,因此建议学生不要进行概念软故障的堆积,应该经常清理而不至于积重难返。

我们仔细研究各种版本教材也会发现理科教材的设计基本是沿用"概念+例题"模式,从小学到大学基本都是如此,可见研究教材至少能启发我们对概念的掌握,例题是关键的介质,否则概念就是死的概念、虚假的概念和夹生的概念,盘活概念的唯一渠道就是例题。

概念和概念性例题在课堂上结合就会产生新的公式和定理,之所以重复这个观点,因为这是老师课堂教学的关键部分,容不得大意或走神。概念产生了公式或定理以后,公式或定理一般会和基础性例题,再次合作而产生思路。例题就成了解题思路的源泉,有了公式和思路以后,进入练习环节就基本剩下熟练性和对母题的提炼与归纳了,这样的话不是省下了很多精力吗?

谈例题的习题化,学生的感觉如何?其一是例题比较少,总觉得训练有点飘的意思,毕竟没有足够数量的例题来满足训练要求;其二是有"蜻蜓点水,浮而不入"的感觉,毕竟课堂刚刚听过老师的审题和解题思路,回到家再做例题好像有"照猫画虎"或者"照葫芦画瓢"的意思,其实这些都是学习观念上的问题。举个极端例子说明一下:学习实践中有的学生对老师布置的作业几乎从来不完成或者基本不做,而恰恰这种学生考试成绩却很优异,这种学生是客观存在的，初中比较罕见，高中则很容易找到案例，总不能都概括为“天才”两个字就了事吧。这种隐隐约约的学习现象，其实本质上是对例题重视的结果，知识转化为能力的过程全部发生在课堂内，例题是唯一的中转站，听课四十五分钟，把区区几道例题听懂就可以省去做作业的麻烦，所以称之为“极端例子”，就是没有倡导学生都去效仿的意思，因为这样恐怕让很多不愿意完成作业而别有用心的学生钻了空子。因此，在学习方法的研究中我们应该一直遵守“没有最好的方法，只有最适合自己的方法”这个理念。

由此可以看出，其实零作业的成功首先是一种个体的成功，本书也没有追求零作业集体的成功，如果把个体成功案例剔除掉一些另类行为去考量，剩余的其实就是最理想的一种学习的状态：快乐地学习，如同快乐地游戏。零作业以一种原始萌芽的形式让一部分学生先成绩好起来，虽然不能带动所有学生都加入进来，但是最起码在他们苦学的方式中加入了一勺白糖。

例题带给了我们轻松的学习氛围，实现例题的习题化是零作业的必由之路。在当今的教育环境下，我们向那些“自主选择或者自主生产例题”的老师致敬！同学们在课堂中一定要把例题的分析过程（审题）和解决过程（运算）合并成一条思路融进自己的大脑，同时把课本外的例题记录下来，当作以后考试前复习的资本，方法对了成绩就一定能提高。认为例题做一遍就可以不写作业，轻松实现“零作业”，这种想法是断章取义的表现。

忽略了例题的学生必然因为这个错误而付出代价。经常把例题当作习题来做的那些学生，其实是选择了学习中的一条捷径，除了书本上的例题以外，包括老师在课堂上的补充例题，这才是例题的完整含义，两类例题同时在手就能够实现例题习题化，达到例题的多样化，同时在题型和数量达到见识广和训练足两个目的。因此，同学们应该多留意一下我们前面已经探讨过的理科笔记的方法，也提到了课本以外的补充例题，学习就应该这样来融汇贯通。

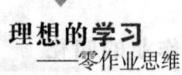

第二节 习题模型化

本节我们主要探讨习题的设计原理、习题和课堂知识的关系、解题思路的问题以及习题模型化的思维方法。

研究习题模型化，我们首先要探讨什么是模型化？模型化是思维中化繁为简的一种常用方式，首先，先看几个表面上和习题无关的案例。

(1)牛顿看见苹果落地，6个月后牛顿第一运动定律诞生。

(2)1957年11月3日，一只名叫莱卡的西伯利亚混血狗，乘坐苏联人造卫星2号升空，当到达高度接近320万米高空的时候，莱卡因气温过热死亡，一个月后苏联发射了人造卫星1号，震惊世界！

(3)截止2016年，如家酒店在全国也有2000家连锁店。

(4)2014年11月1日6时42分，中国再入返回飞行试验返回器在内蒙古四子王旗预定区域顺利着陆，探月工程三期无人再入返回飞行试验获得圆满成功。

这四个案例说明了什么？仔细想想。

苹果落地、莱卡进入太空、如家酒店的第一家店铺、中国的无人探月，这些其实都是在成为一个思维的支点，这个支点是为了解决更复杂的问题。这就是典型的数学思维，就像如家酒店的第一家店铺的盈利模式进行复制的时候，连锁酒店的经营模式问题就得到了解决；苹果落地和我们以后做的牛顿第一运动定律的习题比较是非常简单的；无人探月就是为了解决有人探月问题而首先简单化的第一步，包括那条为了人类而献出生命的混血狗。

在解决一个复杂问题的时候，我们首先可以对这个复杂问题进行分解，而分解出来的问题就不太复杂了，当我们把这些不太复杂的问题逐步解决的时候，复杂的问题也会迎刃而解。

对学生来说，通过知识点来寻找并组合习题，还是通过习题覆盖来巩固知识点，这是一个问题。设计习题的人想要怎么考核做题的人就是这个问题的标准答案，是正向思维和逆向思维的关系。

我们把习题的考核规律进行归类就可以构建习题的类型，掌握习题的类型就可以让学生的思维跳出习题数量的怪圈，进而去探索习题的内在规律，把这些习题的规律和课堂所学的知识点结合起来，学习行为就能变得更加理性。

这个两难的问题实际是对基础知识的不同巩固方式而已，前一种其实是在有限的习题数量下就能达到对基础的有效巩固，精炼而且全面；另外一种习题覆盖知识点的模式对学生而言就太难了，因为学生不可能在做题之前就先核实该题考核哪几个知识点，有做完习题后能反思的学生就相当不错了，最起码做完某道习题后还知道此题考核哪几个知识点。无论题目最终正确还是错误，对自己和对这道习题终归有所交代，比那些做完习题后不反思的学生要强百倍了。

在以上问题研究的基础上，我们可以按照逻辑找到以下三条关于习题方面的结论，和各位分享一下：

(1)建立模型是人类复杂思维简单化的必由之路。

(2)课堂上老师通过例题建立思维模型。

(3)下课后学生通过作业建立思维模型。

(4)典型习题建立模型后，所有的习题解题思路就可以互相借鉴，而不必重复思考。

习题的模型化就是习题的基本策略,是化繁为简的根本出路。例如,所有的理化习题本质都是实验。物理化学习题易出错都是不重视实验惹的祸。因此,理化习题的审题过程本质上是实验的再现和变化过程。可以说没有实验的理化是不存在的。现在的考试习题比较强调知识模块化,增加的考点大多有利于知识模块的完整性和系统性的形成,使“专题性”考题的命题几率增大,这就是所谓的“贴题率”。

做题的境界是由做题的观念决定的,即做题为了什么?高三和初三的学生把中考和高考复习当成做题,这是误解了做题的意义,也误解了复习的概念。学生做题,首先是为了基础知识,其次才是提升技能,如审题经验、熟练性、思维发散等。笔者给高三和初三学生上课时,强调基础知识是中高考的高分突破点,课程结束后学生还是百思不得其解,老师让我们巩固基础,又反对我们进行大量习题训练?怎么巩固基础呀?似乎除了做题别无他法,其实二者并不矛盾。很简单地理解:反对只为做题而做题的行为,为了巩固基础知识而进行的做题是提倡的,做题的目的性很明确。

习题是学生理解和巩固知识点很重要的一种方式,最能体现习题特点的学科无疑就是数学了,所以号称“数学是思维的体操”!后来的学科无论是物理,还是化学都必须要使用先前数学的语言进行思维,数学是理科的学科之间进行交流的“国际语言”。虽然高中物理在理科思维上要比数学更复杂点,其主要还是实验性学科概念的建立,思维方式和数学不同,不像数学仅仅是一个思维的符号而已。像数学后来分化出来的代数一样,数字太复杂的情况下产生一个新的简单的符号来替换,这样使思维更直观,也就是我们经常说的形式运算。数学概念的核心是一个符号,理化则不然,其概念往往来源于生活中的现象,如筷子的使用就是杠杆原理。有时候则是抽象之至的“相对论”,所以,理化的学科形成体系是数学的生活化的产物,是从理论到实践的一个过程。总之,数学的概念是一种符号,理化的概念则是一种现象。

“人有人言,兽有兽语”。学科是有语言的,语言是人类沟通交流的工具,学科的语言则是学科思维的基本符号。学习方法的养成从学习内容上讲,实际就是培养思维的一种语言符号,不包含学习过程。一旦语言不通极易造成思维的障碍。语文和英语本身就属于语言类学科,这个听起来就很容易接受了,数理化也一样是有语言的,只不过和文科的语言方式不同而已,就像拉丁语系和汉语语系的差别一样,表意文字和表音文字的存在方式不同,语言和文化一样属于沟通方式,拉丁语系的思维简约而直接,汉语语系则复杂而含蓄,字母组合产生的词汇和笔画组合产生的词汇是大相径庭的,文科和理科的语言就是这样区分的。例如,数学的语言是从数字开始的,我们称为“数字思维”,在儿童咿呀学语的懵懂时期,后来的图形思维就比数字思维复杂多了,一直发展延伸到空间思维,形成了“三维”式的数学思维模式。

当我们做完一道数学习题的时候就像开了一次座谈会,运用数学的语言符号和数学问题进行了一次沟通。能否沟通成功是一个智慧性的策略问题,但是沟通的工具:学科的语言(学习方法)则是必要的前提。没有掌握学科的语言就像我们的身边总是站着一个翻译一样,必须借助翻译进行沟通,这种现象就是所谓的“补课现象”。翻译的成本是很高的,而且借助翻译也会感觉很累,所以同学们能够自己掌握学科的语言是学习的资本。当我们学到欧姆定理、牛顿第一运动定律的时候,灵活运用思维的语言就像和百年前的科学伟人进行了一次交流,学习的美妙是跨越时空的沟通,因为学科的语言赋予了我们这样的机会。

跟美国人说汉语和跟中国人说英语是一样的,存在沟通的障碍,在学习上用语文的语言去和数学问题进行沟通一样也会存在障碍,这就是没有学科语言的情况下学习演变成了“用手势去比划”。理科的语言是严谨的,比较理性而且充满逻辑，而文科的语言则是灵活多变，感性而且充满情感色彩。数学的公式和定理难道不就像英语或语文的语法一样吗？只不过文科的语法“没有为什么”而已，是约定俗成的语言习惯，而理科的语法——公式和定理必须是建立在“为什么”的基础之上。

拉丁语系下也会产生法语、英语等语种，而且语法也存在差异，如同理科语言也会派生出物理语言或化学语言，我们要掌握学科的学习规律就必须精通学科语言，不要出现张冠李戴式的沟通闹剧。

接下来我们探讨习题的设计原理和分类理论。

要提高学习效率，习题是我们研究的主要的训练方式，从习题的类型、知识点的构成、做题的目的性三个方面系统认识一下这种训练模式是非常必要的。

我们先认识一下习题和习题的构成。一般从内涵来看习题是由课堂所学的知识点构成，从外表形式上看是由已知条件和结论构成。这是习题设计的基本原理，就像那些专门从事命题的教研人员，他们设计试题的时候，设计的原理就是结合考试大纲来考量的，而考试大纲则对考核的知识点和能力有明确的规定。

首先，从内涵来看知识点是习题的基础，按照知识点在习题中的结构可以把习题划分三类：点性知识类习题、线性知识类习题和链性知识类习题。更明确地讲，其依次为：基础类型习题、综合类型习题和难度类型习题。

可以说基础类型的习题一般是考核点性知识，这种习题一般是比较简单的，在考试中又称“送分题”，在选择题和填空题中分布较多，这种习题是不可以错的，如果错了就说明基础知识存在问题。在中考和高考的试卷习题构成中占到30%左右。

综合类习题中知识是线性分布，在知识点间的联系性方面有所强调，难度系数比基础类型习题要大,但是又没有专门的难度类型习题大。难度类型习题又被称为“压轴题”,所以综合类型的习题是难度系数适中的习题,在中高考中被广泛采用,高考占到50%左右,中考更是占到60%左右,在考试中也是中游学生和上游学生的分化工具,在基础类型习题得分都差不多的情况下,综合类型习题拉开了差距。如果这种类型习题出现错误说明学习比较死板,知识内在联系的理解差,一般做题不总结是罪魁祸首。

难度类型习题中知识点呈现出链状结构,比线性知识结构更加复杂,所以难度系数是最大的。也由于难度较大,所以在中考和高考中它不会大量出现。每年中考和高考试卷设计的时候,对难度类型习题的审核是一个重点工作。通常,高考中最多占到20%左右,在中考占比更少,仅有10%左右。综上可以看出,中考的难度系数比高考要低。

其次,从外表来看是由已知条件和结论构成,习题的已知条件分为显性的已知条件和隐形的已知条件,结论要不就是一个需要运算的数字,要不就是一个需要论证的结果,因为结论是未知的,所以在已知条件和未知结论中需要用思维搭建一条连接通道,这个通道就是我们通常说的解题思路,也是理科思维的基本元素。

思路的本质就是修路,一旦路修成了,那么就可以一劳永逸。所谓的举一反三、触类旁通就是在第一次解题过程中思路达成后,思路使用畅通,从而达到永久性的解题经验,使之内化后成为一种能力。最怕的就是概念或者定理在一些习题中的运用形成的只是一条思路而已,并没有在类似的概念或者定理的组合中重新形成应用,就像我们在修路的时候总是在修建“一次性”的道路,用完一次扔掉或者毁掉,下次又需重新动工,学习的累和苦就在于观念落后而导致学习行为在枯燥乏味的重复与再重复中而形成了疲惫,拆与建永无休止,永无尽头。因此,习题的模型化其实就是期望思路能够成为一条可以反复借鉴和使用的高速公路,我们驾驭概念和定理,在起风或者有雨的日子里都可以自由奔驰。

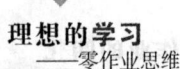

构建解题思路这条通道的先决条件是审题。审题就是通过对已知条件的审理,把考核的知识点聚合起来,然后再在结论和已知条件之间进行思路搭建,行得通就可以运算了,行不通还需要继续审理。从中我们可以发现,审题的过程是聚合性思维和发散性思维云集的“思维会所”。以发散性思维搭建解题思路通道是麻烦最大的,所以做题其实是在训练学生的思维。这种发散性思维和玩电子游戏没有本质区别,玩电子游戏一般也要过关,过关不就是解题的思路通道吗?为了过关,也会进行地形分析、工具准备等聚合性思维的先行,小的聚合性思维加上大的发散性思维,就构成了游戏的魅力。孩子们普遍喜欢玩电子游戏而不喜欢做题的原因,在于习题数量太多和功利性考试制度。

家长们对电子游戏的天然仇视和围追堵截是普遍性的,但完全禁止玩电子游戏也是不科学的,因为孩子对游戏的喜欢不是培养起来的,那是天性的流露。其实,作业训练量适度调节就会平衡这种矛盾,让孩子适度打电子游戏和缩减一下习题量是一样的效果。

通过例题解决解题思路问题是高效的,如果搭建的解题思路不止一条通道,那么就会出现神奇的“一题多解”现象,习题出现一题多解和电子游戏的条条大路通罗马是异曲同工的。因为训练了学生的发散性思维,让解题的思路更加广阔。

从解题的角度看,产生典型习题的典型思路也是通过这种思想实现的。比如,要求学生对已经做过的典型习题进行逆向思维:反思解题思路,就可以举一反三。以理科习题为例,我们可以列举出反思提纲,供读者参阅。

(1)本题考核的基本概念是什么?

(2)本题考核的基本定理和公式是什么?

(3)概念转化为公式的过程,例题是否能呈现?

(4)本题是否使用辅助线的方法,化繁为简?

(5)本题的解题思路属于哪一类型的问题?(能否形成思维建模?)

(6)本题的思路在哪些问题中可以归类应用?

下面我们就研究习题的设计原理,研究这个原理无疑对于解题思维是有帮助的。

如果用一种食物来"漫画式"表示以上三种习题的话,糖葫芦就是首选了。一根竹签上有一个或者两个糖葫芦就是基础类型的习题,一根竹签上有三个以上的糖葫芦就是综合类型的习题。后来在中考和高考大纲中反复提到的"综合性增强"习题,换句话说就是增加了糖葫芦的数量,对审题的要求更高了。可以说,糖葫芦越多,考察的知识点就越多,越容易出现漏审,因此大家发现"半对"的习题有所增加。不止一根竹签的糖葫芦属于难度类型习题,糖葫芦代表的就是知识点,我们每天源源不断地从老师那里和课堂上得到的就是糖葫芦,能否消化那是学习的过程要解决的,消化了也未必做题就顺利,解题还要有思路,思路来源于例题和做题后总结。

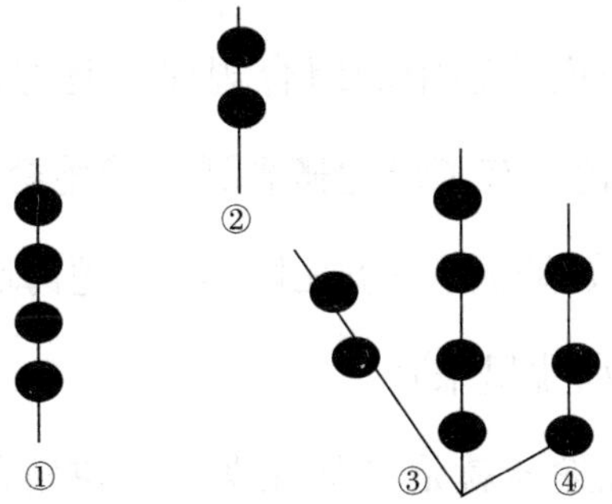

①小圆圈代表知识点 ②最上面的代表基础类型习题

③左面的代表综合类型习题 ④右下面的代表难度类型习题

图2-2 习题模型感性示意图

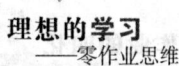

探讨完两个基本理论后我们就来看看习题的实践运用，首先最根本的就是基础类型习题，其正确率决定了基础的扎实程度。一般来讲要达到类似清华大学或北京大学的成绩要求，学生在平时训练中基础类型习题的正确率需要保持在95%以上，再苛刻点就要达到100%，达到正确率90%以上的水平一般考取一个重点大学是不成问题，如何提到95%的正确率，后面会在零作业的概念中谈到基础的先决条件，就是说基础知识达到95%以上的正确率是个基本要求，每个学生对自己基础类型习题的正确率要求不一样，从而决定了基础知识的差异性，进而决定了中高考成绩。

因此，基础知识的问题和小学教育应该是一体化的，按照教育实践研究证明通常三道基础类型习题就足够巩固一个知识点了，换算关系应该是3:1。

每年新出炉的中高考考试大纲其实也蕴含了习题的辩证法：变和不变是矛盾的统一。首先，不变的是知识点。虽然考试大纲每年会有所变化，但是就考纲中庞大的知识点数量而言，这种变化是微小的，几乎可以忽略不计，考核的一千多个知识点中就变化了三五个，也可以近似地认为考点不变，高中或者初中三年下来学生学到的知识点可以用火车装厢了，那么变化的是什么？一句话——不同的知识点在一道习题中的组合规律！

不同的知识点在一道习题中的组合规律就是习题的模型，这个概念又称为类型习题，俗称母题。有了母题概念那当然她会有许多个孩子，那就是子题。习题如大海，浩如烟云，一望无际，茫茫题海哪个是中高考习题呀？只有追问母题了，母题从哪里来呀？

母题的第一个来源途径就是老师在课堂上讲解的“课本以外的例题”。有的课本外的例题本身就是母题，老师教学和研究的经验或者成果，低成本可以获取的就照收不误，所以老师对于学生而言是一个资源库，要充分利用学校老师这个优质的学习资源。

母题的第二个来源途径就是子题,这是通过普通习题(子题)上升为母题的,若子题的解决过程和知识点的组合具有代表性,它就有可能通过逆向思维过程,即反推法上升为母题,学生在学习过程中如何操作?简单地说,把做对的习题从结论推回到已知条件中去,解题的过程如果是从东往西,反推的过程就是从西往东,在这个逆向思维过程中,反推就可以知道本题考核哪几个知识点,从知识点的组合到思路,同时“双丰收”,一本万利,做一百道无谓习题,不如把做对的典型习题进行一次反推,后者所得到的往往更多,这才是学会学习的内涵,其学习效率不也就反映出来了吗?

学习中遇到一道题不会做的时候,最忌讳向同学询问,因为向同学咨询得到的往往是一个结果:答案。而选择向老师请教也可以得到另一个结果:思路。答案一文不值,而思路却会让你灵感爆发。

零作业的基础理论:习题的模型化理论之一就是这样诞生的。

谈做题的境界前谈论电子游戏和糖葫芦两个乐趣性的表象,最终还是想把比喻的这种表象延伸为做题的境界。眼界是境界之母,眼界是做题以后重新对习题完成的审视,这种审视在历经风雨后就会变成一道彩虹。

我们来大开眼界,品味几种境界吧。

第一种境界:躲进小楼成一统,管他春夏与冬秋。埋头做题,苦做题或死做题。这个世界上总有一种人只知道埋头苦干,从来不在技术上去更新自己的脑袋和双手,或者说脑袋从来不指挥手。对一个学生而言尤其应该认识到学习观念对学习行为的决定性。

第二种境界:天空虽然没有鸟的影子,但它的确飞过。仰望天空虽然看不到鸟的影子,但是鸟飞过确实是客观的事实。做完一道数学题,在我们的脑袋里真正留下来的就是一条看不见的影子,那就是思路,是思维的走廊。所以,做题后的总结比做题本身和做题数量显得更加重要。自己做过的不仅要总结,借鉴别人的经验也很重要。这个经验从哪里来呀?课堂上老师的例题或者同学总结的经验,因此,同学之间交流的主要学习内容应该是做题的心得,而不是某一道习题本身。高考前一个月对于数学成绩好的学生来说不动笔做题也没有关系,考试前一周每天进行一定数量的习题恢复训练,很容易使得数学成绩保持稳定,理科的习题思路一旦在大脑中扎根下来,不用每天浇水也不会渴死,而文科我们是不敢采取这种策略的。

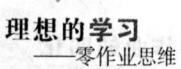

第三种境界:虚室生白,吉祥止止。在一间空虚的房间里,除了黑暗,什么也没有,一个人静坐其中,苦思冥想良久,一束阳光从一个很小的缝隙中突然照射了进来,祥和、愉悦顿时充满了整个屋子。中国伟大的思想家庄子所描述的思维的艰辛历程与顿悟之后的美妙场景,和我们完成一道难题具有异曲同工之美。

学习原本是一件很美丽的事情,特别是一个人全身心投入学习且充满激情的时候,若这种美妙的时刻被功利的事情抹杀了,不得不说是种悲哀。拔苗助长和急功近利是扼杀教育的环境元凶。

第四种境界:似曾相识燕归来。春天到了,去年家里屋檐下的燕子今年又飞回来了,也就是说我们在试卷上所见到的几乎所有的试题都是作业中见过的,应该是“去年家里的燕子”,既然老朋友见面为什么不相识?其实根本原因是做题的时候并未真正做到理解,“穿西装的时候认识,换穿了马甲就不认识了”。再者就是做完了习题不总结,当时做正确是凭借一时的灵感和新知识的热度,没有总结和反思,思路就无法沉淀而形成经验。

如果学生做题能做到“似曾相识”的感觉,那就会形成考试(学习)经验,什么是考试经验?其本质就是类型习题的数量多少,也就是母题的库存量,考试毕竟和平时是不一样的,有严格的时间限制,不可能给学生更多的审题时间,也就是说母题数量越多就能够在考试的时候节省越多的审题时间,使得考试的过程更加从容。

培养审题经验很重要,审题经验用数字表示的话就是母题的数量,做题后总结的思路的数量,我们为这个看不见摸不着的东西取了一个名字叫做“题感”! 也就是做题的感觉,这种感觉最后就很容易在做题的时候升华为灵感。举个例子,看到某个几何图形,阅读完习题的瞬间,做辅助线的思路就像一个饥饿的人看到面包的感觉一样,是一种思维的本能反应。

总结来说,解题有三重境界:一题一解,一题多解,一解多题。

一题一解模式是学生的一种思维定势,而一题多解的模式是学生提高学习效率的一个重要台阶,是苦学到会学的凤凰涅槃。

顺便提到一个常见的问题就是:为什么有的习题本身就是一解? 有的则是多解?

这个问题是习题设计时就决定的。就是习题的设计者在知识点的组合中设计了一种或多种组合方式,因为知识点的组合方式往往会产生一条思维通道,条条道路通罗马是组合决定的,在审题环节进行的聚合性思维就是在探索组合形式和思路。因此,多数的一题多解都是人为造成的。

如下图 2 -3 所示:

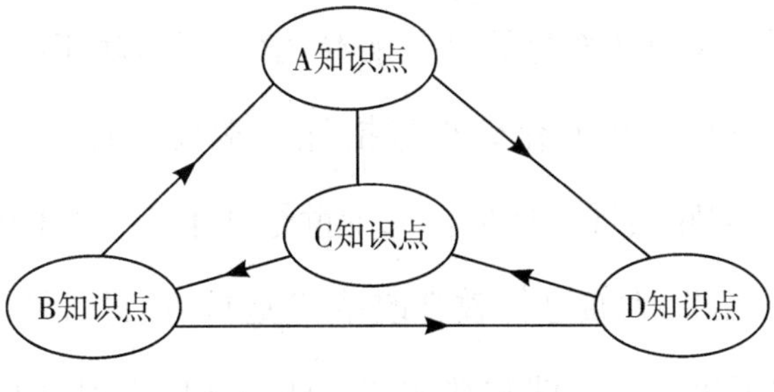

(1)ABCD 知识点是不同时期课堂获取的

(2)为什么会出现一题多解甚至一解多题

(3)一个解题过程就是一条思路,思路反复沉淀形成模型,就是经验和习题模型,反推法就是强化思路和 ABCD

图 2 -3 知识点、思路和模型的构成关系图

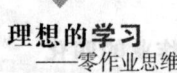

习题的模型化是零作业的必然,也会在学生的实践中达到自由飞翔的境界。希望阅读此章节的读者就像在聆听一首歌,歌词中有一句"可是我坚信未来会给我一双飞翔的翅膀",做题的时候能让人体验飞翔的感觉,该是多么的美妙啊!

第三节　错题标本化

本节主要探讨错题的原理、错题和知识漏洞形成的原因、错题的处理方法以及错题在学习方法中的作用。

学然后知不足,这是古人治学的一种理想境界。"知不足"也是治学最难的策略,古往今来多少人杰惜败于此,差一步登顶而遗憾止步。当今的课堂教学中追求"知不足"是高效课堂的基本研究思路,就是我们前面已经谈到的:最理想的课堂是学生带着自己的问题去听课。

一节课结束后,老师无法知道这么多学生中谁理解了?谁没有理解?一节课结束后,学生也无法知道这么多知识点哪个理解了?哪个没有理解?"两不清"问题是目前困扰学生的最现实的问题,也是学校教育中相对比较难于解决的问题。因为从教育的分工来看:学校还是属于共性教育,即群体教育,虽然分层次教学、小班化管理等措施在学校教育中尽可能靠近个性化,但是永远无法彻底实现个性化。二十世纪九十年代初的时候,江苏洋思中学曾经高举:"三清"大旗进行教学改革,"堂堂清、日日清、周周清",也就是在教育中努力解决共性的课堂教学和个性的课后学习之间的矛盾。

一个学校的中考升学率或高考升学率对一个学校而言是一种荣誉或者实力的体现,但是对一个学生而言几乎没有太多的意义,因为99%的升学率也不能保证某个学生就不是那被剩余的1%,满园的花蕾并不是每一朵都能够开花的。因此，我们见过太多的家长在孩子没有考取重点学校的情况下，花借读费送孩子进重点学校，三年以后绝大多数还是带着遗憾离开的。所以说，尊重学生的个性化学习是改善成绩的必由之路！这和学校教育的性质也是息息相关的。

幸福的家庭都是相似的，不幸的家庭各有各的不幸。托尔斯泰的这句名言在学习上翻版一下就是：学会的知识模样都是相似的，没有学会的漏洞各有各的模样！因此，管理知识漏洞是提升考试成绩的关键步骤。找不到漏洞是任何行业的发展瓶颈，学习的过程莫不如此。

错题有两种：让初一学生做一道初三数学题通常会出现不会做或者做错；让初一学生做一道初一数学题通常也会出现不会做或者做错；二者表面上非常相似，但是本质却是天壤之别。前者属于知识性障碍造成的，因为初三年级的知识没有学过，属于学习中的“硬伤”，而后者则属于策略性障碍造成的，属于学习中的“软伤”，也就是方法性障碍。后者是什么？其实就是漏洞，漏洞不是没有学过的知识，而是没有学好的知识。漏洞的形成是方法缺失导致的，数学成绩不好的根本原因是数学的学习方法存在问题，而不是知识出现了问题，细想一下：初一学生不会做初一数学题，如果该学生智力水平正常的话，就不是知识性的问题；初一学生不会做初三数学题那是知识性的问题，没有学过呀！恐怕这个道理大家都懂。

两种错题的实验告诉我们：前一种知识性障碍是硬伤，后一种策略性障碍是软伤。前者不必指责孩子，后者则急需帮助查找方法的系统性。在教育实践中，我们经常被表面的现象迷惑而做出错误的选择。例如，初一学生不会做初一数学题，于是就去帮助孩子补习初一数学知识，把策略性障碍当作知识性障碍去简单处理，数学学习不好就补数学知识，如果补习的还只是知识，那是一个没有效果的盲目之举，除非补习的时候能够触及这个孩子的数学学习方法。

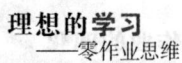

教育从层次来说应该这样划分:第一层次是教会学生知识,如语文英语之类的人文类、数理化科学类的;第二层次是教会学生方法,如数学老师的全称应该是“教学生数学方法的老师”;第三层次是教会学生学习习惯,如听课必须记笔记,理化必须试验等;第四层次是教会学生做人,如培养学生高尚的人格和情操。

我们总结一下错题通常可以分两种:一种是自己根本不会做,实在太难,难得连思路都没有;另一种是自己似乎会做,因为粗心或概念模糊而做错。最有价值的错题就是这第二种,即能够帮助学生找到知识的盲点,是很不错的漏洞标本。

知识漏洞的管理主要通过错题来实现。全国绝大多数学校或者没有错题本,或者是聋子的耳朵——摆设而已。东北某地级市教育局长亲自在全市范围推行错题本,遭到多数家长的指责,因为当作业量没有下降的时候,这种教学措施对筋疲力尽的学生是一种学习负担,错题本在中国沦落到如此的境地,不能不说是教育的悲哀!

以上发生的原因在于两点:第一就是没有弄清楚错题本的意义;第二个原因还是作业量太大。作业量扼杀了学生学习技巧和策略形成的所有梦想,减负的口号再喊,家长要的还是学习成绩。因此,本书的零作业概念是一次革命性的头脑风暴。

不重视错题必然导致学习效率下降一半以上,漏洞的表现形式通常有以下几种:

其一是上课没有听懂的漏洞。这种漏洞一般是显性漏洞,按照等级划分的话应该是初级。无法解决这种显性漏洞都的孩子明显是因为懒惰,或者压根就不想学习的,可见中游学生和中下游学生的成绩差异源于显性漏洞。

其二是假理解产生的漏洞。这种一般是隐形漏洞,不容易被发现,相当于医学上讲的疾病的潜伏期,平时不发作,也看不出来。每逢考试却让人措手不及,所以学生考试的时候产生的错误绝大多数是隐形漏洞造成的,提高考试成绩的关键是解决隐形漏洞,这也是中游学生和上游学生成绩差异的分水岭。

隐形漏洞形成的主要原因有三个:①听课一知半解,没有完全把知识点搞清楚。俗话说,“一瓶子不满,半瓶子咣当”,用在这里正合适。杜绝隐形漏洞的源头就是从听课环节开始,否则形成拆东墙补西墙,基础知识负债问题就永无休止。②做作业时遇到不会做的习题就去问同学,这样就一道习题而言的确会做了,但是运用这个知识点解决相类似的问题未必就会,这样就形成了假理解的隐形漏洞。掩盖隐形漏洞,学生以为自己会了,老师批改作业也没有看到错误,给老师展示出了一种全会的假象。逐渐隐形漏洞的面积越来越大,最终成绩肯定不好。最后,究其原因就是学生对自己知识漏洞的疏忽管理。③在做作业时,遇到不会的就翻书。前面已经提到了作业在生熟分离中的成本最低,效果最好,但是仍然有很多学生不重视作业的作用。翻书写作业的危害是:虽然一道习题做对了,学生却未必全理解了。这样,就又出现了假理解。一旦假理解形成后,要想实现分离就会相当麻烦了。对课堂内的知识点理解和假理解进行分离的话,一般通过以下渠道实现:第一种是课堂内的作业;第二种是家庭作业,即课后作业;第三种就是单元测试;第四种就是月末考试;第五种就是期中或者期末考试;第六种当然就是中高考了。尽管机会多,但是成本在一直升高。

我们其实有很多次机会可以实现“真假理解”的分离,但是从分离方案来看,无疑第一种和第二种方案是最直接、最快、成本最低的方式。从这个理论来看也就不难理解当年江苏洋思中学提出的“三清”方案的重要性了。堂堂清和日日清也就是课堂内的作业和课后家庭作业,“三清”的本质也就是真假分离方案。从操作过程来看,如果能够实现作业不翻书、作业独立完成,那么真假就可以通过不断涌现的错题得以被发现,从而轻松解决知识漏洞。提高作业的错误率实际就是把可能出现的知识漏洞不断通过错题进行暴露,这种错题和漏洞刚开始是喷涌而出,后来慢慢就是溪水细流了,最后变成滴水了,漏洞在减少了,成绩自然可以提升了。

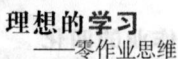

操作的步骤可以是这样的:每天晚上作业结束后把当天晚上作业中过于困难的习题和前一天老师批改的错题按照单科汇集到错题本里面,这样就可以实现对知识漏洞的管理。等到周末的时候可以专门抽出时间来啃这些硬骨头,这样常常能够避免写作业的时候出现做一道习题花费三十分钟以上的局面,其实错题本在学习中充当了两个角色,一个是时间和效率的杠杆,避免出现作业时间超长,使得预习和复习没有时间去做,从而形成恶性循环。另外错题标本化可以管理好漏洞,在以后的复习中能够找到当时的难点和疑点。

我们还可以通过墨菲定律来论证一下知识漏洞是提高学习成绩的障碍。美国的工程师爱德华·墨菲有一种论断:事情如果有变坏的可能,无论这种可能性有多小,它总会发生。当我们辛辛苦苦找到成功的钥匙时才发现锁已经被人更换了,失误是人之常情,事实却没有重来的机会,容易犯错误是人类的天性,无论科技如何的发达,事故总是无法避免。

墨菲定律对于学生知识漏洞的管理是有现实意义的,总是有学生侥幸以为没有复习的知识点考试是不会考的,而真的没有考到时,却为更大的失败积攒了隐患,或者事与愿违还是考了,没有复习的自以为能躲避的那几个知识点“屋漏偏逢连阴雨”,几乎每个学生身上都发生过这样的事情。因此，对于知识漏洞的查找和追寻一直是学生精益求精的良策。"追杀"知识漏洞也是提升学习效率的关键，为了躲避学生的"追杀"，知识漏洞也将不断变换潜伏方式和隐匿地点，下面我们就简单展示一下知识漏洞的迁移过程图。

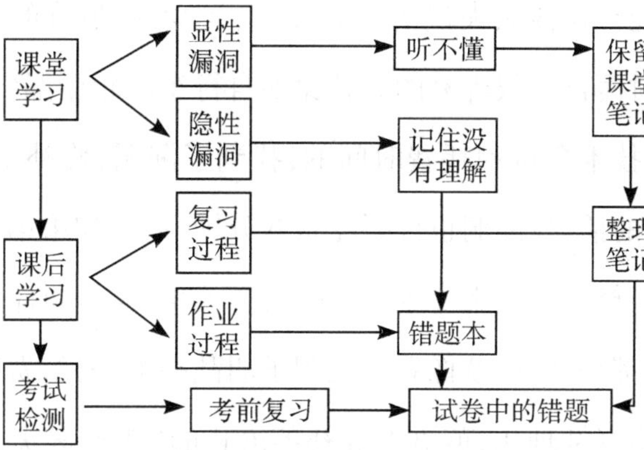

图 2－4 知识漏洞迁移过程示意图

需要声明一点：老师布置作业的时候偶尔也会出现难度过高的习题，学生一定要注意这道难度过高的习题也许老师只是想让同学们磨炼一下大脑，因为从最近几年中高考的实际状况来看考试习题难度系数下降是一个必然的趋势，特别是中考，所以放心地告诉同学们难度达到让中游学生三十分钟做不出来的习题，中考和高考一般是不会采用的。因为中高考不是竞赛，是达标比赛。不需要冠军只需要达标过线即可。对学生来说做这种过难的习题，做或者不做，对考试成绩几乎没有多少影响。既然如此，那么学生写作业写到晚上十点钟以后还有什么意义？没有充分的睡眠第二天如何听课呀？不要让这种没有意义的无用功影响了我们的学习效率。

对于家长来说，实现对孩子的学习管理也比较简单：每天花费十五分钟的时间帮助或者督促孩子整理错题就可以轻松让孩子的成绩提升。考一次第一名靠方法，连续考第一名就是靠习惯了，习惯却不是一天两天就能够养成的。

很多家长有请家教的经历,家教老师来到以后,在没有看到孩子作业和错题的情况下就开始上课,那么这个上课的教案是从哪里来的? 不知道学生的漏洞在哪里居然可以上课,简直是不可思议的事情。正是因为家长对教育的不专业,经常花钱买失误的人太多了。学习中最难的东西是找到漏洞,修补漏洞相对而言是很容易的。就比如自行车的轮胎漏气了,找漏洞的过程实际是最有技术含量和耗费时间的,找到了漏洞,修补工作就很容易,十分钟修补轮胎的话,找漏洞也许要花费八分钟,而且如果第一次漏洞找的不全面,那么已经修好的轮胎一会又漏气了。学习也是同样的道理。没有查询漏洞的修补都是瞎补,就像看不见靶子胡乱扫射一样,费时费力。理论再次证明:理化不好补理化,英语不好补英语式的“头痛医头,脚痛医脚”方案使得教育不再科学。

教学的实践也证明,文科的错题本可以有,理科的错题本必须有。错题本对于提高语文和英语成绩的作用不是很明显,但是对于提高数理化的成绩非常明显。

第四节　基础九五化

本节我们主要探讨基础知识的发展规律,基础知识在转型衔接中的重要性,并以小升初和初升高为专题进行详细论述。

从小学到高中阶段的十二年的学习生涯中,保持基础知识的一贯性和系统性是一个策略问题。举个例子,十二年的学习就像火车的十二节车厢,火车要实现运载就必须把这十二节车厢连接起来,然后在动力系统的牵引下运行,连接十二节车厢就像基础知识的一贯性,其中衔接比较有技术含量的就是小学升入初中和初中升入高中这两个阶段，很多学生因为没有实现“无缝对接”而导致了进入新年级以后的基础知识动荡，从而将以前积累的基础知识的资本不断损耗，学生在十二年的学习生涯中有三次考试比较重要：初一的第一次期中考试、高一的第一次期中考试，还有就是高考。因而，本书在基础九五化的论证中，一方面谈到一贯性和系统性，另外一方面会就622 学习法则来论述基础九五化的问题及学习方案。

基础知识九五化就是学生在平时的考试或者作业中，基础知识的巩固率达到95%。因为作业习题本身目的不单纯且不是完全考核基础知识，所以，不能单凭作业的正确率来评价学生们对基础知识的巩固程度。通常非常接近的评价标准应该是“课堂作业”，即老师为了对本节课内容进行评价而专门设计的一种基础测试习题。九五化，即基础类型习题的正确率达到95%的时候就表示学生的基础知识很扎实。对于成年人来说，基础知识和能力没有先后次序的必然关系，但对于学生来说知识是能力的基础。要实现基础知识九五化的目标，学习方法要系统且科学，学习习惯也要完善且全面。

在学生基础知识最容易出问题的两个阶段：小学升初中和初中升高中，我们将做详尽的论述。这两个阶段是考验基础知识的台阶，是学习方法转型阶段，同时也是学习方法最容易出问题的一个时期。下面我们就以学生基础知识发展中这两个重要的衔接点为侧重，分两节阐述。

第一单元：小升初

“小升初”这个词在2000 年以前几乎不存在，这个名词伴随着国家新课程标准改革而出现。虽然现在的小学教材和与二十年前相比差距并不大，但是现在的初中教材已经和以前的老教材不可同日而语了。所以,小学到初中,学生面临着如何适应的问题。

问题是必须要解决的,而且要提前研究方案。小升初的跨越我们需要做好准备方案,把小升初分为四个阶段系统的进行规划,任何孩子在小升初阶段遇到的问题我们都可以放置在这个系统中去思考。

第一阶段:小学高年级工作要点

1. 选择学校

2. 初中目标定位

3. 自主学习习惯启蒙

第二阶段:暑假时期工作要点

1. 游学励志

2. 小学基础知识强化

3. 初一新课预习

4. 确定学习目标

5. 接受学校入学前培训

6. 制订学习计划

第三阶段:初一第一学期工作要点

1. 适应初中老师课堂

2. 学习方法养成

3. 探索学科规律

4. 自主学习习惯培养

5. 学习计划执行管理

第四阶段:初一第二学期工作要点

1. 试卷分析

2. 学习方法调整

3. 强化知识漏洞

4. 重新调整学习目标

虽然《教育学》把初一年级第一学期命名为“适应期”,但是适应期的准备工作是在初一入学前完成的,就算是准备工作做得不充分,初一的第二学期我们至少还有一定的调整空间,所以切不可孤立地看待“小升初”问题。

在上面的问题研究中我们会触碰到一个社会性热点问题:择校热或者说是择校难问题,是中国教育一个敏感的话题,笔者借此机会一起探讨一下其中的相关教育理论,为迷茫的家长和学生提供理念上的参考。

第一个观点:择校不如择班

几乎所有的学校都在大肆宣传自己的高考升学率,那只是个表象。正如,北京四中的校长说的,考上一本大学,那是正常的,他们的学生生源质量本身就极高。不是读任何一所高中都可以上一本,进名校同买名牌本质是不一样的。宁为鸡头,不做凤尾。一个名校的普通班级好,还是一个非名校的重点班级好,答案是清楚的,就像是一本的差专业好,还是二本的好专业好? 例如,辽宁某地市有一个中考状元,被辽宁省实验中学挖走了,中考第二名的孩子依旧留在本地就读。三年后的结果是:中考状元只考取了一个非985的一本,第二名的孩子压根没有参加高考,直接被保送了清华。所以盲目相信名校的老师水平高,这是一个极大的误区。

第二个观点:择班不如择师

如果你的孩子数学不好,那么选择一个水平高的数学老师是很有必要的! 如果你的孩子调皮捣蛋,不妨找一个有一定工作经验的中年女性班主任;如果你的孩子逆反,和父母关系紧张,不妨找一个大学刚刚毕业的、工作充满激情的班主任;如果你是单亲妈妈带的男孩子,不妨找一个男班主任。

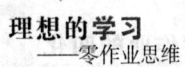

第三个观点:适当时,劝孩子放弃作业。

这个观点虽然不符合常规教学理念,但是当孩子每天晚上很辛苦写完作业的时候,成绩居然原地踏步,甚至后退,你作何感想?学校现在大部分的作业是从教辅书上来的,基本谈不上作业设计。校本的作业只是个别学校才有,无数的孩子就是在这种无谓的作业中慢慢被折磨而丧失思考。如果孩子作业做到十点半,家长就应该考虑孩子的学习是否出现问题,十点半以后尽量是休息时间。毕业班的孩子如果也这样做,我们就能预知这个孩子的中考或高考成绩。举那么多例子,其实是想表达一个观点:学习不仅仅是为了完成作业任务。

某个中考状元被某个学校看中了,状元孩子给学校提出的条件是:他可以不写老师布置的作业,可以不参与晚自习和早自习。如果学校接受他的条件则入学,否则免谈。其实很多优秀的孩子欠缺的不是老师的辅导,而是有一个自由的时间去独立解决学习问题。

第四个观点:输掉了自信心,人生就是一路的乞丐。有的学校考试成绩排名不对学生公开,只是单方面把成绩告知家长。这种做法可以说是“皇帝的新装”,只是自欺欺人而已。树立孩子的自信心,让孩子成为自己命运的主宰,不再为了成绩与排名而学习。

接下来让我们认识一下,小学升初中的基础知识衔接和学习方式转型问题。初一的方法加上初二的基础,再加上初三的复习,这是初中管理模式的一般规律。初一是方法养成的教育关键期。观念走在行动的前面,五年级升六年级和六年级升初一,虽然都是年级增加了一级,但是二者有根本性的差别。小升初是每个人学习生活中的一个重要的台阶。漫长的小学六年结束后,新的初一学习生活对很多学生来说充满了希望、忐忑、激情、迷茫。我们变换角度来认识一下“小升初”所面临的问题。

第一个角度就是学校环境的改变带来教学的变化。小学老师我们称为“保姆式”的老师，把小学老师称为保姆的主要原因是课堂教学中知识点的重复性很高，有人做过一个统计：在课堂上，小学老师会把一个知识点对着学生重复五遍，而初一老师才重复三遍。这个数据虽无从考证，但是从侧面说明一个硬道理：初中老师在课堂教学中的重复性和小学比较是下降的，这种下降导致学生的学习成绩马上受到影响。很多学生延续小学听课习惯来听初一老师上课，课堂重复性下降必然带来课堂“夹生饭”增多。通常来说，进入初一以后第一次单元测试或者月考成绩不理想的主要原因就是课堂“夹生饭”增多。

初中阶段功课数量增加，时间也紧张起来，那种小学阶段依靠重复背诵、默写等方式获取高分的方式已不再适用。因此，方法的调整是必需的，初一开学的前三个月是学生寻找钥匙的一段时期，也必然伴随着心理上的迷茫。

面对初中老师粗放式的作业批改方式，初中学生在完成作业后的检查和总结就变成了非常重要的环节。小学老师作业批改很精细，小数点、标点符号的错误都会批改出来了，初一老师的批改就很简单：一个对号或红叉叉。因此，作业的反思检查要上升到学习方法和学习习惯的高度来对待。从学生的学习习惯来看，小学是老师和家长“抓紧”式管理模式，进入初中后将进入半自觉管理模式。

从以上变化看，进入初中以后家长和学生的准备就显得很重要。小学时家长还可以辅导孩子完成预习和复习工作，但是初中的数理化让很多家长无从下手，因此，对孩子的辅导也就迷茫了。按照教育的分工来看，国家教育部门也没有规定初一家长必须要看懂初一的数理化，因为各个学科的知识传授是学校老师的主要职责，家长所要承担的其实还是一个学生学习习惯和学习方法的培养问题。家长通过解决学生的学习习惯和学习方法来辅助学校教育和教学工作,建立家校合作平台。在此说明一点,文化程度较高的学生家长,请不要过度插手学科知识教育。同学校专业老师相比,家长在这一方面属于“菜鸟级”,万一和学校老师的结论或者过程产生分歧,对孩子来说就更加困惑!无论老师,还是家长任何一方的失败,带给孩子的影响都是消极的。所以,家长做好本职工作尤其重要,越俎代庖是不可取的。

小升初对家长来说要把学习习惯和学习方法的培养到位,对学生来说方法的转换是主要的调整思路,学习上千万不要只低头赶路而不抬头看路。

第二个角度从学科特点来区分小学和初中,探究小学和初中的学科差异,目的是为学习方法调整进行理性的准备,这些差异主要表现在五个方面。

第一个差异是点性知识向线性知识或链性知识的转化对学生来说存在一个台阶。通俗一点讲,小学知识的分布像一个一个的苹果,相互关联性小;而初中知识像一串一串的葡萄,知识的关联性强。例如,小学老师在课堂讲到两个知识点,一个名字叫张三,一个名字叫李四,小学生来只需要把张三和李四这两个人的名字记住,考试就可以考出高分,因此小学成绩好的人必然是记忆力特别好的人。记忆力属于智商,小学成绩好的学生通常属于智商相对高的人。所以,小学学习的本质是靠智商。

对于初中学生来说,仅仅记住张三和李四这两个人的名字是不够的,还要能知道张三和李四这两个人是什么关系。如果学生还没有养成透过现象看本质的能力,就会导致学生在初一年级出现以下问题:第一个问题就是初一老师讲课的时候学生可以听懂,但做题时往往出现问题。这个问题出现的原因就是上面刚刚说到的,只知道知识点的名字,不知道内在的联系。如同古人说的只知其一,不知其二。实际上,学生在课堂听课的时候生成了大量的假理解,又缺乏思考和深入探究,才导致了做题时漏洞百出的状况。听懂和使用之间有一个门槛——那便是例题！学生放学回家后,无论是课本内的例题还是课本外的例题都应该认真回顾一遍,然后再做家庭作业,例题通则百通,做作业时也能借鉴例题中的解题思路。

其实听得懂不一定能理解的。听懂是表面现象,理解才是问题本质。理解的也不一定就是当时就听懂的。什么时候才能知道是否真正理解,那就要实际去解决问题,看所谓听懂的知识点在解题过程中是否能融合进解题思路中去。不要着急把钱装进口袋,很可能是假币。课堂上的知识不要着急记忆,很可能还没有理解。本书的建议是学习到的理科知识点无论是否听懂,不要像小学时代那样去主动记忆,而是先要想到是自己是否真正理解了,没有理解而形成的记忆就很容易造成“自我欺骗性”的知识堆积,在考试的时候因为知识的实际应用不当造成丢分现象。小学知识的直观性和初中知识的抽象性存在反差,如果初中学生经常选择先去被动记忆就很容易形成大量的假理解。总结一下就是先理解再记忆,减弱机械性记忆,加大理解性记忆的成分。

第二个问题就是发现考题在书中没有直接的答案。我们凡是能在书本上找到答案的习题一般是很直白地考核知识点的,我们不能在书上找到的一般都是考核内在联系的习题,通俗地说,书本上有张三和李四的名字,但是书本上没有张三和李四的关系,考核名字很容易,记忆就可以搞定,考核关系则需要理解和归纳才能解决。因此,老师能给予学生的一般都是知识,知识能否转化成学习能力,则要靠学生的学习能力和对知识点的悟性了。需要强调的是,能力在课堂上是教不出来的！知识向能力的迁移是依靠自身对学习规律的总结,获得学习经验和学习方法的过程。爱因斯坦说过,学生在走出校门后把所学的知识全部忘记,剩下的都是教育。他不是在否定学校教育，爱因斯坦说“剩下的都是教育”，其实是阐明了他的教育价值观——能力是教育的真谛也是永存的真理。知识可以忘记，不能忘记和无法忘记的东西其实就是已经从知识转化过来的能力。

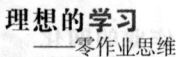

如果把这种学习过程中获得的经验称为知识的话，那就是学习心理学专业术语中的“习得性知识或策略性知识”。这类知识其实已经是一种能力了，就像是在驾校学习的驾驶技术起初也是知识，最后发现有人把车驾驶得又快又安全，而且遵守交通规则，就转化成了经验。别人给你的经验起初都是知识，最后这个经验变成你的经验的时候就转化成了能力。

第二个差异就是学习形式的转化。小学阶段属于被动学习，初中属于半主动学习，将来高中则会进入主动学习。因此，初一年级属于小学的被动学习向半主动学习转化的一个非常阶段。

第三个差异就是学习强度和学科数量加大。进入初一年级以后，学习方式的最显著特点是计划性学习，这也是区分小学阶段盲目性和被动性学习的主要标志。课后学习应该强调学习计划，没有学习计划严禁学习，家长与学生因为在学习计划问题上的“将就”态度，很容易使学习计划从形式到内容全部流产。很多学生在后期之所以没有养成计划性学习的习惯，其中一个很重要的原因就是把学习计划当成了一个摆设，最终因为形式的流产而导致内容的流产。学生把手伸进书包摸到哪门科目学哪门科目的状况是学习盲目性的主要标志，避免此类问题出现的方案就是：没有学习计划严禁学习，计划性学习是自主学习的第一步。

我们可以看到，世界是一个计划的世界！从铁路列车时刻表、汽车时刻表、飞机航班表、生产计划到学校课程表等无不体现着这一特点，计划是人类文明的标志。学生在进入初中以后学习的实践也应该向进入社会的过程迈步，教会学生计划性学习是初中老师和家长的义务和责任。

没有学习计划的学生是不会学习的学生,学生学习的目的是学会学习,留恋于知识而忘记回家的路是学习中最初级的一个层次。

学习计划可以对学生的三个方面进行有效管理,分别是学习时间管理、学习科目管理、学习目标管理。举个例子,首先,把放学后的时间像豆腐一样切块,玩的时间和学的时间分割开,家长督促孩子严格执行这一时间安排计划。让初中学生中规中矩的执行学习计划显然需要一个管理的过程,他们经常会“违约”,家长要引导学生养成从经常违约到不经常,从不经常到最终严格遵循学习计划的习惯。这是初一年级学习习惯培养重点,因为计划性学习属于学习形式,虽然我们常说“内容决定形式”,但是在孩子的世界里却是“形式决定内容”,学习过程决定学习内容。特别要强调的是,玩的时间必须要保证,劳逸结合才能更好地保证学习效率,否则学的时间就真的变成走过场了。

第四个差异是小学阶段的偏科从隐性开始转化为显性。我们通过仔细研究发现,小学阶段语文和数学的分差其实并不大,一般只有五六分左右。到了初中阶段,分差开始逐渐拉大。通常来说,优势科目和弱势科目的分差值达到十分以上、且连续三次出现此类情况的时候就可以认定为偏科。偏科一般专指理科成绩差,以数学为代表。偏科和弱科都是反映成绩不佳的名词,但是所传递的意义不一样。偏科一定是弱科,但弱科不一定是偏科,偏科带有一定的先天性因素,比较复杂。因此,家长应该密切关注和监控学生的偏科现象。

不管学生总体成绩好与坏,进入初中以后,潜伏的偏科现象会逐渐显现出来,这将进一步考验家长的管理模式和管理方法。小学阶段不当的教学方法和学习方法在初中阶段显露出它的弱点,急功近利的教育模式导致学生形成过早的思维偏差,使许多学生早早地把自己的职业方向从多项选择题变成了单项选择题。

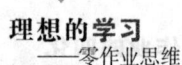

第五个差异是基础的关联性问题。小学知识和初中知识的关联性通常没有初中和高中的知识关联性强。通俗地说,小学阶段成绩不好的学生初中阶段不一定学习成绩不好,而初中阶段学习成绩不好的学生,高中阶段想取得优秀的学习成绩几乎是不可能的事情,因此,初中阶段是获取基础知识的另一个起点。

就小学阶段基础知识问题和学科特点而言,总结起来主要强调了两个字:结论!而初中阶段则主要强调两个字:过程!小学老师给学生讲授 1+1=2这样的结论,通常不给学生解释得出这个结论的过程,而初中阶段不仅要求学生知道结论,而且还要知道过程。古人讲的“知其然和知其所以然”就是这个道理。小学生只要记住结论就可以解题了,但初中生却不能完全照搬结论。小学生的做题过程就像戴帽子,谁的帽子就戴在谁的头上。初中学生在做题时存在一个明显的审题环节,审题环节在小学生的做题过程中不如初中明显。总结而言,同样是做题的过程,初中学生的思维复杂程度要明显高于小学生。这也就说明,做题的过程使得大脑的思维方式和思维速度不断得到训练,智力也就随之得到发展与提高,这也是教育最原生态的价值。

第三个角度从生理和心理差异看小学进入初中的变化。

第一个变化就是初中生的思维具有一定的独立性。小学阶段在家里看电视的时候,家长告诉孩子说电视剧中的某人是好人,某人是坏人,小学生是具有认同感的。进入初中以后,同样是电视剧中的人物,家长眼中的好人在孩子的世界里不一定是好人,过马路的时候男生一般会拒绝父母牵着自己的手。这说明初中学生已经开始自己思考世界,不再是家长身体上的一个零部件了。这些行为特征告诉家长:青春期已至。

逆反是成年人对“不听话”的称谓，没有几个孩子会承认自己逆反。谈初中教育逆反问题始终是一个绕不开的话题，此处我们专门研讨一二。

第一次逆反期出现在三岁左右，以意识独立为主要特征。

第二次逆反期出现在六岁前后，以行为独立为主要特征，这个时期也是人格形成初期。这个阶段的孩子不会在公共场所大小便，因为这个阶段的孩子有了羞耻感，而羞耻感是社会人格角色的显著标志。这种角色的认同感和成年人的惯性认识产生差别时，第二次逆反期姗姗而至。

持续到小学三年级的分化期，由于行为习惯的养成加剧，所以势头要比第一次更加猛烈。童年的伤害往往是在3岁到6岁之间，尤其是在形成童年记忆和人格雏形的这个时间段。这个时间段也是西方心理学家最敏感的时期，变异的人格往往就是这个时期的产物。例如，同性恋或者双性恋的变异人格，社会性角色和生物性角色不能匹配。由于人格只是处于雏形发展阶段，所以相应的潜伏期会比较长，男孩子喜欢和男孩子玩耍是正常的，因为第二性特征还没有唤醒。

第三次逆反心理的形成自然而然是青春期了，以思想独立为主要特征。伴随着第二性征的发育，孩子的性识别能力加强，性压抑带来了人格的迅速发展，比第二次逆反心理期形成的速度更快，从语言上表现为喜欢成人的社会性语言。

写作业的时候喜欢关门，不愿意父母进入，喜欢有自己单独的空间，喜欢说“我认为”，喜欢偷偷一个人臭美，喜欢成年人的流行歌曲，喜欢把校服改良得像时装，喜欢交朋友，并渴望父母对自己朋友的尊重，喜欢在老师面前做事，喜欢在异性面前表现自己，喜欢参与父母之间的家庭事务的讨论，喜欢一个人洗澡，喜欢上街时独立行走，不愿意被大人牵手或者叮嘱，喜欢有自己的公交卡，喜欢有自己的钱包，不再喜欢存钱罐……这些变化几乎一夜之间就发生了，也几乎在潜移默化中变得习以为常，可惜很多父母并未意识到。

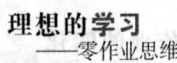

“三观”是独立性社会人格的基本要求，也就是孩子不再是孩子，而成为真正意义上的公民的基本要求。本质上说孩子的独立思维形成后，会加快人生观、价值观和世界观的形成，但是每个人“三观”形成的速度不一样，也就产生了个体差异。

青春期的逆反特征似乎是一样的，但是本质上不一样，可以分类，划分依据也很简单：对人还是对事。第一种逆反属于对事不对人的类型。凡是因为对事情有不同的见解而与父母发生矛盾的逆反是属于正常的，没有不同见解的孩子恰恰是不正常的。

第二种逆反属于对人不对事的类型，这一类通常表现为由于看不惯父母而经常与之发生矛盾，甚至明知自己是错误的，却无理辩三分，纯属于无理取闹的，这种逆反往往是以牺牲了亲情为惨重代价的，因此家长需要检讨自身的言行举止，是否因为自身不当的言行举止造成了孩子由此产生的偏见。

第一种对事不对人的逆反行为和前两次逆反期产生的本质原因是一样的，就是家长对孩子的心理发展缺乏足够的认知，这种失误一般会随着家长的自我纠正而慢慢消失。但是青春期的第二种逆反却不是那么容易消失的，恐怕多数人消失的时间已经到了自己成家立业结婚生子的年龄。由此可见不当的言行举止造成的逆反不仅是认知的错误，而且会影响一个的孩子“三观”。

我们平时经常说教育孩子首先要教育父母，每一个问题孩子的背后一定有一个问题父母。其实每个父母都是有“问题”的，但这个问题是认知失误导致的，还是不当言行举止导致的？其性质是不一样的，性质的不同造成了不同的逆反类型和逆反时间周期。

父母与孩子的矛盾是很复杂的,第二种逆反和第一种逆反往往还会交织在一起,所以需要父母自己理清头绪,对矛盾进行定性分析,而不可以只进行简单沟通就敷衍了事。改变孩子的难度比改变父母容易,但是在亲子矛盾中父母属于主导位置,孩子的改变虽然容易但是前提条件是家长要优先改变自己。

父母在孩子心目中扮演不同的角色,这就是我们经常说的人格教育,也就是角色的认同和认知。妈妈不能太强势,尤其是妈妈当面斥责爸爸,否则爸爸的人格角色在孩子心目中容易混乱,这就导致爸爸的角色被边缘化,后来很多男孩子缺乏男人气质就是因为角色混乱导致的,所以第二种逆反是最可怕的。

逆反和思想独立是两回事,不能混淆。本质上逆反是由于思想独立没有得到家长的尊重而激发的一种情绪而已。逆反这个词是成年人制定出来的,凡是不符合成年人要求的思想和行为都被称为逆反,所以没有几个孩子会认为自己的言行属于逆反。角度转换一下,我们或许就能找到逆反的真相。

回归正题,家长和自己的孩子在一夜之间同时升级进入初中,彼此都面临一个适应的问题。做一个小学家长的技术含量和做一个高中家长的技术含量都比不上做一个初中家长的技术含量,为什么?因为小学生相对年龄小,身上的坏习惯也少,比较听从父母的管教,管理相对简单。而高中学生的思想已经很独立了,思想和行为受父母的干预较少。高中阶段的家长基本都处于“半退休”状态,操的只是心了,没有实质上的行为干预,也就只有所谓低层次的管理:吃和穿的问题。唯独初中生处于“半大不小”的阶段,是最难以管理的阶段,也是一个人一生中犯错误的高峰阶段,因此犯错误是初中学生的常态,但错误对初中生来说则是成长的催化剂!

初中学生的思维体系刚刚形成,对事物的认识不够全面且显得偏激。在成人世界里一件事情经常一分为二来看:如果七分正确、三分错误,那么在孩子的世界里往往三和七是颠倒的。如曾经问过一个初一学生:假如中考失败的话,不能进入重点高中,你打算怎么办?初一学生答曰:那我就去当老板!再举一个例子,问一名小学生的问题:人生的理想是什么?答曰:当科学家,但这只是周一的答案而已,到周五可能又换成律师了。初中学生对理想的稳定性要好于小学生,但是仍然不够坚定,毕竟每个人的成熟不是与生俱来的,发展需要一个过程。因此,概括来说就是:犯错误是初中学生的常态。一个初中生家长因为孩子犯错误而生气的话是不懂初中孩子常态的表现,也是不懂初中教育规律的表现。一个人在初中阶段犯的错误在一生中占了很大比例,初中阶段是人生最危险的一段时期,也是考验家长教育和管理水平的阶段。从高中阶段开始,学生犯错误的几率就开始降低,大学阶段继续降低,成年人和孩子相比较的话犯错误的频率更低了,人就是这样从幼稚慢慢变得成熟起来的,我们必须承认这个循序过程的存在。对初中学生因为思维偏激所犯下的错误一定要包容、忍耐和宽容。给孩子犯错误的机会,不要幻想去遏止孩子犯错误,法律尚不能制止成人犯罪,何况一个孩子犯错误呢?教育其实要做的事情很简单:教育孩子不要犯相同的错误就可以了。

初中阶段也是学生人格发育的一个高峰阶段。通常来说,人格发育开始于六岁左右,在十五六岁左右基本稳定,时间在个体上存在一定的差异。小学阶段男生和女生经常打闹的时代基本宣告结束。小学阶段不修边幅的毛孩子,进入初一以后居然开始早上照镜子或梳头了,这是成人化特征开始显现。如果没有校服的制约,相信初中学生的个性化服装都足以办一场时装秀了。因此,初中学生最大的心理需求就三个字:被尊重!过年买新衣服的时候,父母是否考虑过孩子的感受?父母当领导的时代也基本宣告结束,没有人喜欢被领导。家长换位思考一下:你喜欢和你的领导吃饭,还是和你的朋友吃饭?

随着年级的升高,师生的距离也将进一步拉大,学生对老师的依赖性也逐渐减弱,这是教育的自然规律。一般开学初始学生的表现欲是很强的,希望引起老师的重视,但是最终多数学生还是会失望,感觉自作多情,老师并没有给予太多的重视。因此,关注初一新生的心理问题也是十分重要的。对于初一新生来说最重要的当然是自信心,对老师、对同学、对整个环境建立的自信心。

下面讲一下行为特征对小升初时期学生的影响。

行为特征具有很强的模仿性。人们说父母是孩子的第一任老师,孩子是父母一生的影子,一个自私的家长培养出来的孩子往往也是自私的。孩子对父母人格的继承性是很强的,中国人常说的"有其父必有其子"就是这个道理。初中学生如果说粗话,一般是由于父母在家里说粗话。因此,注意规范自己的行为举止是初中家长的当务之急,需要慎重。教育中最难的是育,"教"是"言传","育"是"身教"。教学中最难的是习惯的分层问题,习惯的分层是因为家庭教育的管理水平差异导致。

从"交往过密"到"早恋"形成,这个过程从初一开始萌芽,生理的荷尔蒙使得男生和女生开始对异性的身体产生吸引力,从小学的"感兴趣"到初中阶段的"想尝试",对于青春期的男生和女生来说,交往的距离始终是一个很难把握的问题。

正因为男女生对彼此间交往的距离难以掌握,经常出现"越界行为",而被家长贴上了"早恋"的标签。其实初中阶段的"早恋"绝大部分不是真正意义上的“早恋”，真正的“早恋”往往是高中阶段才开始发展并显现的。因此，初中学生所谓的“早恋”其实是被家长逼出来的，此阶段引导孩子如何正确地与异性交往才是家长的教育职责。

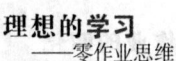

初中学生总体的行为和心理特征可以高度概括为自己的脑袋管不住自己的行为举止，脑袋知道这件事情是坏的，但是自己的实际行为却很难控制，还是去做了坏事。给这种学生讲道理是没有意义的，因为大道理他们本身是知道的。

如何正确的引导孩子养成良好的行为习惯，具体方法有以下几点。

第一，不要叫孩子起床。小学阶段学生起床一般是父母叫醒的，初中阶段开始只需要一个闹钟就可以了，闹钟响了如果还不起床，奉劝家长不必叫醒，学生迟到一两次不用担心，迟到了老师会教训他的，也不必家长亲自动手了。这也说明一点，学生的主要任务是学习，对学习都没有责任心的孩子长大了以后怎么可能承担起家庭和社会的责任，所以这是培养孩子对学习负责的一种方式，暗示孩子学习是自己的事情，自己的事情自己负责。

第二，要求孩子做家务，如洗碗或洗衣服。小学阶段做家务是偶然性行为，初中应该把这个行为习惯化。例如，爸爸负责买菜，妈妈负责做饭，孩子负责洗碗，这样的家庭氛围当然很少出现青春期那种因代沟问题引起的亲子关系矛盾。改变学习习惯应该从改变生活习惯开始。陶行知先生说：学习即生活。据某机构调查显示，世界各国儿童每日劳动的时间分别是：美国孩子是1.2小时、韩国是0.7小时、法国是0.6小时、英国是0.5小时，日本是0.4小时，中国是0.2小时，德国甚至把六岁以上孩子必须参与家庭劳动写进了法律。

第三，家长应该与孩子形成相对平等的朋友关系。做朋友也可以先从同事开始做起，好的同事也会慢慢变成朋友，没有一个孩子喜欢“被领导”。

要变成朋友关系首先应该从同事关系开始，其实中国家长大可不必模仿西方家庭的那种平等，相对平等是中国式现代家庭关系的最好的模板之一。没有经过孩子同意不能随便检查或翻看他们的抽屉或日记，没有尊严的教育才是彻底失败的教育。有一天当你发现你的孩子对什么都不在乎的时候，对打骂已经刀枪不入的时候，那就是人格已经沦陷的时候，这和有没有受过大学教育没有关系。我们最怕的是他的存在会使周围很多人都不能舒服地生活，将来的罪犯也许就是这样诞生的。德国和美国的专家也认为十四岁和十五岁的孩子是一个人生的危险期，高中学生离家出走或跳楼自杀，类似的情况就是在这个时期开始出现的。

第四，不再使用物质刺激学习成绩。小学生学习很刻苦并不是为了人生的理想，其实只是为了得到父母承诺的一个礼物，如玩具、衣服等。物质满足后动力仍然会丧失，因此推荐应该和初中学生多探讨一个话题：人为什么要学习？不缺吃也不缺穿为什么要学习？学习能带给一个人什么好处？

第五，陪读时间的保证。给初中家长的建议：一周的陪读的时间不要小于六个小时。爸爸妈妈在教育的辞典中的同义词就是：责任！一周投入六个小时在世界范围基本还属于中等偏下的水平，看看我们的邻居——日本。日本的母亲经常为了孩子的教育而放弃工作转入家庭妇女，当然我们也没有必要去模仿日本的母亲而鼓励我们的母亲们都放弃工作，“养不教，父之过”，对比不是模仿，只是为了说明陪读的重要性而已。中国家长普遍的特点就是为孩子花钱的时候从不在乎多少，为孩子花点时间则很计较也很吝啬。教育这个行业很奇怪，家长自己的陪读时间花不到，钱花的再多都是浪费。

第六，给学生的建议：在作业有错误时，尽量使用橡皮而不要使用所谓修正液之类的东西，因为中考时是严禁使用的，这个毛病越早改掉对自己越好。

第七，每个学期开始的时候必须检查孩子的学习计划，没有计划的学习是杂乱无章且毫无意义的，应该从习惯上将形式和内容统一起来。

为了让更多的父母适应孩子的初中管理，尤其在“小升初”特定时期能够迅速管理上位，特此制定了《小升初家长管理手册》供大家参考，具体内容如下：

(1)培养孩子养成记录课堂笔记的习惯，定期检查。

(2)培养孩子养成时间管理的习惯。

(3)坚决贯彻执行分床以及分房而居的习惯。

(4)家务劳动分工化管理，首先从卧室整理开始。

(5)写中文或英文日记，教会孩子坚持和积累。

(6)和涂改液彻底告别，注意作业的工整。

(7)错题及时清理，绝不过夜。

(8)鼓励孩子参与学校社团活动，均衡发展。

(9)生活起居规律化、自主化，从闹钟起床开始。

(10)游戏适可而止，止在家庭约法上。

(11)学习文具摆放整齐、有序、条理。

(12)教会孩子过集体生活，关注异性交往，人际关系社会化。

(13)养成定期体育锻炼的习惯。

(14)财务管理独立化核算，花钱要节制。

(15)带领孩子积极参与社会非盈利公益活动。

(16)开门写作业，注意陪读时间。

(17)教会孩子如何处理师生关系，尤其是与孩子不太喜欢的老师。

(18)制订新学期学习计划。

(19)学习困难的科目,征得孩子的意见后再制订相适宜的补习方案。

(20)亲子关系中学会聆听和尊重,并引导孩子的是非观。

(21)不鼓励使用智能手机,确实需要时注意管理好使用方式。

(22)应该有一份阅读清单,尤其学校的阅读目录。

(23)着装遵守校规,大众化,奢侈品不宜进校佩戴。

(24)饭前饭后经常讨论孩子在校的一些生活事件,家校信息交换。

(25)电视节目知识化,鼓励孩子看新闻或科普类,远离娱乐类。

(26)三星(歌星、影星、球星)适可引导,不要玩物丧志。

(27)不要带领孩子进入未成年不宜场所。

(28)尽可能避免单亲式教育或留守式教育。

(29)引导孩子正确面对学习成绩之间的竞争。

(30)不要轻易放弃以前培养的业余爱好或特长。

一个《小升初家长管理手册》不能解决所有"小升初"问题,但是对于初为初中学生家长的人来说至少是一个应急方案,下面阐述一下此阶段需要运用的相关教育理论,主要包括初一年级的思维发展特点、亲子关系和行为习惯养成原理。

初一这个时期是自我意识发展的第二个飞跃期,和婴儿期的第一次相比较,无论在广度、深度和强度上均表现出急风暴雨式。在强大的荷尔蒙的推力下,思想从外部世界的客观性不断指向内部的主观性,通俗地说就是不断在事物认知过程中在乎"自我感受"。

严格意义上说,自我感受和外部世界之间的矛盾主要来自被教育者和教育者之间的互不适应,所以和婴儿期自我意识发展阶段以"行为独立"为旗帜的逆反相比较,自我意识独立则是此时的主打歌曲。

皮亚杰认知理论告诉我们:少年期的思维主要还是以形式运算为主,也就是传统上所说的形式逻辑思维，从小学低年级阶段的一个苹果产生了一的概念，再到初一年级A代表数字的代数运算，开始为数形结合的初级函数做思维的预热准备，这是很多孩子学习成绩发展的一个"谷形"结构的思维探索期。

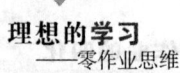

概括一下，初一年级所出现的绝大部分发展障碍属于认知障碍的居多，千万不要产生误解意识，认知障碍在青春期所表现出的结构性矛盾和智商的关联度并不大。和智商关联度比较大的认知障碍统一归结为先天性认知障碍，原发性认知障碍在小学初期已经开始彰显，属于和神经发展系统关联性密切的元认知，通俗地说就是和生物遗传体关联度更高。由此可见，我们在解决孩子小升初问题的时候经常犯错的地方就是把认知障碍问题归结为知识性问题，而不是思维发展的适应和同化问题，这点恰恰阻碍了思维的发展。

思维这个东西是无法教会孩子的，只能依靠引导，用皮亚杰的观点说就是钟摆的速率和绳子长短的关系是要孩子自己通过现象去体验的，从现象中抽象出本质规律的过程，这才是引导思维的教育模式，这个伟大真理的发现也许为小升初克服初一第二学期学习成绩"谷形"问题提供了教育实践的理论基础。

亲子关系是决定教育质量的先决条件。人是自私的动物，但是望子成龙却是人类特有的现象，孩子超越父母是几乎每个成年人的愿望，后来这种望子成龙往往没能实现，却成了家长身上难以去除的包袱，可能引发家庭冷战，甚至悲剧丛生。原因何在？动物界是这样解释的：一匹千里马不可能生出一群千里马，其中可能一匹是千里马，一匹是拉车的马，一匹是肉马，一匹是……

老马把上学的机会给千里马，学费是最有价值的投入，把最累的活交给拉车的马，把最好吃的饲料给肉马，这三匹马都成功了！千里马常有，而伯乐不常有。在独生子女的时代，这个矛盾显然已经不存在了，但是在教育理论中按照孩子的天赋去发展能力才是真理。

你知道你的孩子是千里马还是拉车马？其实我们一无所知。在一无所知中假设了千里马的结果，得出一个望子成龙的心态和亲子尖锐的矛盾，用千里马的培训方案去培训拉车马，你会相信成功学等于教育学吗？把成功学移植到教育学的第一个人说：每个孩子都是天才！热血沸腾的父母把自己的积蓄交给了这个人。

美国科学家的结论是：人的意志力是一个相对的定量，通过教育培养也无法实现无限放大。如果意志力是一个相对的定量，那么如何分配的问题和孩子的目标取向会决定父母的满意度，对吗？所以父母不可以贪得无厌，得寸进尺地要求孩子。找到孩子身上最有可能成功的领域，以尝试的心态去适度培养，分配好注意力，也许可以给未来打下较好的基础。

一般来说习惯的形成最初是从本能反应开始的，从呱呱坠地的婴儿和母亲的第一次身体接触开始，心理学也就此翻开第一页，幼儿园时期的学前教育是建立孩子行为的养成时期，行为养成习惯很容易，但是稳固一个习惯非常之麻烦，得之易，失之易！

行为不一定都可以发展成习惯，就算是习惯在小学乃至初中都可以改变。一般来说，学习习惯的形成期在小学阶段，初中阶段属于学习习惯的矫正期，前者相当于建房子，后者相当于装修。

通常手脚麻利的孩子吃饭都挺快的，做作业也快。可这样的孩子比较容易粗心，所以作业和考试准确率不高；相反，有些孩子吃饭慢，做作业花所花费的时间也较多，但部分动作慢的孩子，思维反应并不慢。落笔稳，准确率高，成绩自然不差。

人的行为受习惯影响,其实本质上就是接受这种反射弧的影响,在 6 岁以前所形成的大量不良的反射弧最终使得很多孩子在读小学一年级之前已经输掉了和同龄人的比赛。确切地说,0—6 岁孩子的学习观念是空白的或者说是本能化的,从小学开始受到环境"污染",随着年龄的增加,"污染"将会更严重。

巴甫洛夫经典性条件反射在狗的大脑中形成了一个规律性的反射弧,那条狗每次听到铃铛声就会分泌唾液,形成进食反射。那么发现孩子哭闹后,父母会妥协让步,也会形成一个反射弧,这个反射弧就是行为习惯的养成。小学教育核心就是习惯的培养,这个习惯不仅仅是学习习惯,包含了所有人的神经性反射弧的定势化。我们以此理论来分析一下学会吃饭和学会学习的反射弧效应,小学教育核心也可以简单地理解为"学会吃饭"。饭前洗手,准备碗碟和筷子等工具,吃饭的礼仪,吃饭不剩,吃饭专心,吃饭过程不狼吞虎咽、不挑食、不说话,饭后收拾碗筷、扫地擦桌子、不剧烈运动等,如果把吃饭的行为和学习过程之间建立反射弧应该是这样的:

(1)饭前洗手对应课前预习。

(2)准备碗筷工具和课前书本、笔、笔记本的摆放对应。

(3)吃饭礼仪和课前礼仪对应。

(4)吃饭过程不狼吞虎咽、不挑食、不说话和上课不做小动作、不说话、专心致志相对应。

(5)饭后收拾碗筷和下课后整理文具对应。

(6)扫地擦桌子和下课后疑点向老师请教对应。

(7)饭后不剧烈运动和课后复习保持。

以上理论反推一下那些注意力不集中的孩子或是吃饭慢的孩子,唯一被老师们一致判定"需要努力"的,就是那些一边吃饭一边东张西望的孩子。如果是因为这个原因导致吃饭慢,就说明他们注意力不集中,间隔时间如此之短都会开小差,上课之时便一目了然。而这类孩子小时候通常有个糟糕的习惯,吃饭时坐不住,大人要追在后面喂。从这个意义上来讲,老话说:“吃饭吃得慢,书也读不好”,是有一定道理的。

教育的训练方法,应该像培养孩子吃饭习惯一样,成为强化性行为。从没有规矩的乱教育,到有规矩的针对性教育,最终让教育植入生活,孩子将受益终身。

第二单元:初升高

本节我们来探讨初中升高中的基础知识衔接和学习方式转型问题。

先来看一个有趣的心理游戏测试。

用 A 和 B 两个条件把学生分成四个组,其中 A 代表两个村庄的距离,B 代表路标。第一组的学生出发之前,AB 两个条件都知道;第二组的学生出发之前只知道 A 条件而不知道 B 条件;第三组的学生出发之前只知道 B 条件而不知道 A 条件;第四组的学生出发之前,AB 两个条件都不知道,分组结束后比赛开始。结果是:获得第一名的是第一组,获得第二名的是第三组,获得第三名的是第二组,获得第四名的是第四组。

这个实验结果告诉我们的是:有目标比无目标有用,小目标比大目标有用。从现实中看,高一的自己其实比初三的自己也就仅仅大了三个月,但是实际上整整大了一岁。为什么这样说呢? 初中学生依靠兴趣学习,高中学生依靠理想学习!

我们阅读下面的资料就可以领悟目标的价值:哈佛大学有一个非常著名的关于目标对人生影响的跟踪调查,调查的对象是一群智力、学历、环境等条件差不多的年轻人,调查结果发现:27% 的人没有目标;60% 的人目标模糊;10% 的人有清晰但比较短期的目标;3% 的人有清晰且长期的目标。

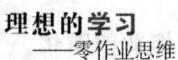

二十五年的跟踪研究结果显示,他们的状况及分布现象十分有意思:那些3% 有清晰且长期目标的人,二十五年来几乎都不曾更改过自己的人生目标。二十五年来他们都朝着同一方向不懈地努力,二十五年后,他们几乎都成了社会各界的顶尖成功人士。他们中不乏白手创业者、行业领袖、社会精英。那些 10% 有清晰短期目标者,大都在社会的中上层。他们的共同特点是,短期目标不断被达成,状态稳步上升,成为各行各业的不可或缺的专业人士,如医生、律师、工程师、高级主管,等等。而那些占 60% 的模糊目标者,几乎都在社会的中下层面,他们能安稳地工作,但都没有什么特别的成绩。剩下的 27% 是那些二十五年来都没有目标的人群,他们几乎都在社会的最底层。

每个人的内心深处都有一种成功的渴望。如果你能发掘它,便能找到成功的方向,找到一种支持你不懈努力的持久力量。然而,正如西方的那句谚语所说,"如果你不知道你要到哪儿去,那通常你哪儿也去不了。"

进入高中一年级以后首先要对三年后的高考有明确的目标,打算上一所什么样的大学,同时还要有小目标,最近学校或班级的考试成绩达到一个什么样的水平,支配一个高中学生苦苦奋斗的原动力就是人生的理想,高中阶段没有理想的学生只会碌碌而无为。

所以说,学习应该有目标。以上是我们谈到的学习动力系统问题,也就是为什么学习的问题。

第二个变化是初中和高中学科的差异:抽象性思维更加明显。初中数学会学到函数,高中数学也会学到函数;初中物理会学到力学,高中物理还会学到力学。那么初中函数和高中函数,初中物理力学和高中物理力学是什么关系？有什么差别？初中是高中的基础，在初中的基础上高中更加抽象，如初中物理的光、电、力，几乎无需进实验室就可以在生活中找到现象，高中物理现象更加抽象后，恐怕只有进实验室才能领悟；初中学科中的感性知识的成分在高中的学科中减少了，其中最为明显的就是物理，因此高一物理是所有学科中最难的一个。前面谈过的青出于蓝而胜于蓝，虽然数学是理科的基础，但是高一物理扮演的则是高中理科的掌门人。高中数学成绩好的同学，其物理成绩不一定好；而高中物理成绩好的同学，通常绝大多数数学成绩也很棒。世界级的物理学家几乎都是数学家，而数学家未必就是物理学家。例如，牛顿本身就是一个数学家，爱因斯坦在研究物理的时候曾经因为对数学的了解不足而专门拜师去强化数学，可见物理的思维虽然来源于数学，但是物理学科本身又有自身的特点。在教学实践中用数学的思维去教授物理的老师很多，这样学生在课堂中进入大脑的物理概念往往具有数学概念的“符号性”特色，因为老一辈的物理老师也是在没有试验的情况下获取的物理概念。解读国家新课程标准，越发重视在实验中发现原理的产生过程，使得物理概念的产生源于实验而不是老师的板书或嘴巴，这样更加真切，因此课堂教学中“情境引入”就非常及时，实验情景是理化学科概念的根基。

高一物理是高一所有的学科中对方法要求最高的一门学科，高一的第一周很多同学都会出现“听课困难”现象，因为整体上高中学科的抽象性进一步显性化。初中物理中的杠杆和滑轮、电、光等感性的概念在高中已不复存在，反而更加在理化中强调试验的作用了。

再例如说，高中阶段文科阅读中的逻辑性思维在平时的阅读素材中也多了起来，如果小学生的阅读是“捉迷藏”的话，那么初中就演化为复杂的捉迷藏。小学时一个人找一个人，也就是在一群人中找你认为最重要的那个人,其实也就是中心句;初中是一个人找多个人,初中的阅读中强调一个中心句化解成多个中心句,或者说转化为很多个"准中心句",把多个准中心句拼凑起来就是中心思想了;高中的阅读不再是找人的游戏,而是自己去"造人",高中阅读"中心句"进入了"消失时代",没有中心句的情况下必须自己去制造一个或多个中心句,因此高中阶段的阅读是抽象化的。

第三个变化是知识量进一步加大。有专家做过一个估算:高中的知识量比初中多了整整六倍。如果说初中阶段背十公斤的东西,高中要背六十公斤。高中阶段注定是辛苦的三年。如果说中考能够突击,那么高考是无法突击的,因为高中阶段的知识量太大。从基础知识的角度看中考的时间跨度是三年,而高考达到六年。另外强调一点,如果中考突击成功的学生没有在初三的暑假把初中"虚胖"的基础知识进行夯实,高一第一次期中考试成绩下滑往往是不可避免的,借用一句谚语可说明这一现象:"出来混,总是要还的"。

一些原先初中学习成绩不错的学生进入高一后,经历了"十米跳台"的失落感,高一年级的考试成绩一落千丈,百思不得其解,分析一下:初中阶段学习成绩不错的主要原因不是建立在自学基础上的,完全依靠的是苦学、死学、补课三个法宝。初中阶段,每天学习时间超过八个小时以上这种所谓"尖子生"很多,进入高中阶段以后随着课程中知识量的陡然增加,依靠延长学习时间这个方案已经不能满足高中学习的需求。男生在高中时期会有一次学习进步的机会,原因在于初中阶段的男生比较"傻乎乎",往往不知道学习的重要性,贪玩而已。进入高中以后,一觉睡醒发现高中男生不再"傻乎乎",女生知道延长学习时间,男生也知道延长学习时间,男女生终于在勤奋这个层面站在一个起跑线上了。女生突然发现自己在初中具备的学习优势荡然无存,高中三年没有勤奋必然失败,有了勤奋也未必成功,因为时间像弹簧一样，最终会有一个极限。高中学习量加大以后，在勤奋的基础上竞赛的核心竞争力其实就是学习方法。

进入高中阶段，学生经历一段学习时间后，往往发现“前学后忘”现象开始突显，就是由于学习量突增而导致的。应对高中阶段的学习方法应该增加“归纳”，也就是每周对知识来一次整理。

什么是归纳？这个词的确不太好解释，其实归纳就是复习。和我们传统意义上的复习不同的地方是，归纳的本质其实就是“中复习”，而平时我们谈论最多的复习其实在概念上指的是“小复习”。既然归纳是“中复习”，那么从数量上说应该比“小复习”的容量要大。想象一下把很多知识点像堆积木一样做成“造型”，这个造型就是知识的体系了。

归纳法是高中学生必须学会的一门技能。归纳的本质就是“叠衣服”，初中时衣柜里只有一件衣服，高中现在有六件衣服。叠过的衣服有两个好处，一是比较节省空间。人的脑就像西瓜这么大，容量毕竟有限，装满的情况下如果继续装就会溢流出去，因此归纳能够使大脑储存知识容量更大，有利于高中阶段的学习要求。二是叠过的衣服在提取的时候比较方便。如在归纳的时候，按照冷热季节把衣服分柜子存放，需要提取的时候不至于“翻箱倒柜”，能够迅速地提取出来。此问题没有解决好的话，考试就会出现回忆知识的时候往往是模糊的，说没有记住但有点印象，说记住了却写不出来。这其实还是遵循华罗庚先生认为的“由厚到薄”和“由薄到厚”两个阶段。

因此，归纳的本质其实就是实现知识在大脑中的存放有序化。

第四个变化是知识的系统性特征显著。前面谈到小升初的特点时专门说起了基础知识的关联性问题，初中基础知识和高中基础知识的关联性是很强的，如初中物理学过的力学，高中物理还要再学到，初中数学学到函数，高中数学还要再深化学习。因此，初中的理科简直就是高中理科的“基础知识”。高一物理力学考试如果成绩不佳的话，最好不要去修补高一物理力学知识。正如“头痛医头脚痛医脚”，应该彻底解决问题——把初中物理中力学相关的知识点复习和修补一下效果更佳。高一年级开学的时候，学生如果没有把初中的理科书装进高中书包，那是对高中学习还没有认识清楚。初中到高中的学习是系统性的连贯学习，系统性就如同自行车的链条一样，一个链条如果断掉往往导致整个链条都处于瘫痪状态，找到链条的断点是非常必要的事情，所谓万事成皆因备也。

从高中学生基础知识的问题来看，往往影响比较大的就是初二年级。初二年级基础知识“半壁河山”的地位的确无以撼动，对高中学生基础知识做初步了解的时候，一般都会询问学生初二的学习成绩，实践也证明：绝大多数高中基础问题和初二有千丝万缕的联系。

第五个变化是师生的距离感进一步拉大，同学间竞争更加激烈。失落感是高一除了新奇以外的最普遍的感受。学生想把初中阶段养成的一些坏毛病暂时收敛起来，在崭新的环境中总想给每个同学和老师留下好印象，因此，从心理角度看高一第一学期学生还是比较温和从容的，和家长之间的“青春期矛盾”暂时停火，对适应性较强的那类学生来说则不会有太多变化。对于重点中学学生来说高一的第一次期中考试显得尤其关键，毕竟能够进入重点高中的学生在初中阶段都是各个学校所谓尖子生，大家需要通过第一次期中考试进行排序，谁是第一名？谁是最后一名？这对于心理相对脆弱的学生影响还是很大的，可能会产生综合性的心理反应，曾经的豪情万丈化为考试失意后的落寞，也只有当事学生才能体会。所以，那些曾经在高一第一次期中考试后因为成绩不佳而指责孩子的家长就有点像“屠夫”。孩子在这个时期往往更加脆弱，就像一块无比坚硬的玻璃，虽如此坚硬却无法经受重重一摔。在经历了几次考试的正面较量以后，很多学生开始怀疑自己的能力，甚至开始怀疑自己的智商，于是下意识地开始把“豪情万丈”的目标进行调整，当然是降低目标。还有一种学生虽然考试成绩下降了，但是人生的目标是不会轻易改变的，他们是勇士，所以勇敢是一种心理，心理不勇敢的人只是逞匹夫之勇，正如喝酒壮胆一样，这种勇敢是脆弱的和暂时的。

第六个变化是学习方法调整中充满了痛苦。初中的课程以及与之相配套的学习方法在高一年级开始打碎后重新建立，初升高的衔接从学科角度看：必须把初中阶段辛辛苦苦盖的房子拆除，针对高中的学科特点重新画图纸、盖房子，很遗憾的是很多学生就是舍不得拆除，结果初中阶段学习成功的经验和法宝在高中阶段变成了一副毒药。

中考结束以后的那个漫长暑假，对学生来说如何解决初升高问题是必须要思考和执行的，如果把初升高的衔接简单理解为提前学习高中课程，那么提前学习的时候一旦没有学习到位、理解透彻反而会给新学期的开学带来很大的负面作用。毕竟改掉以前错误的理解或者不到位的理解和学习新知识相比较，夹生饭更加难以入口，所以与其提前学习高中新课程，还不如向后看齐——先把初中的基础知识再次加固，这样更实用。

以下是广州市调研室对高一学生的数学科目调研结果如图 2 -5 所示。

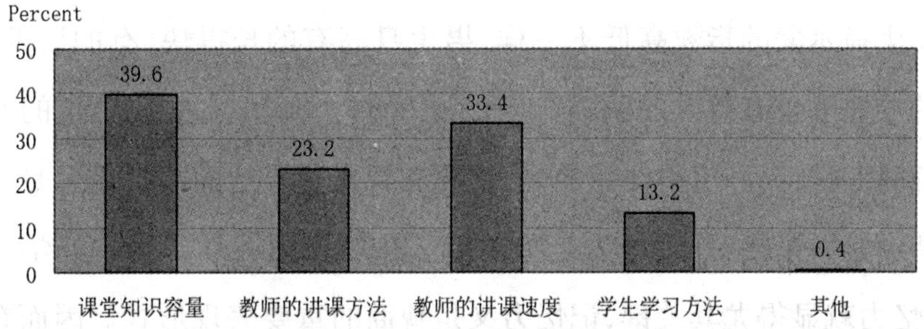

图 2 -5　数学科目调研结果

社会也流传着一种声音——女生上高中以后理科学习没有男生有优

势，在实际教学中我们也确实感觉到男女生在数学学习上的差异，特别在高中阶段数学成绩好的女生始终占少数。那么，男女生在数学学习上究竟有哪些主要差异呢？国内相关学者对此课题进行了深入研究，研究过程对832名高中学生发放问卷，收回有效问卷712份，其中男生382份，女生330份。问卷调查旨在了解男女生数学学习中的不同过程和因素，如表1所示。

表1 课堂部分的差异研究

选项	按老师要求思考		只求听懂		说不清楚		注意力集中	
性别	男	女	男	女	男	女	男	女
人数	187	224	149	99	46	7	157	231
比例	49%	68%	39%	30%	12%	2%	41%	70%

女生上课较多地按老师的要求思考问题，注意力集中。这表明女生往往有较强的责任感，学习态度好；而男生整体上不如女生学习认真，注意力易分散，与教师配合不是很密切。这也可以从一个侧面说明男生的独立性、自主性强于女生，而在合作性、态度等方面，女生要优于男生。

我们简单讨论一下性别和学习成绩的关系，因为在高中阶段这个问题具有一定的普遍性。

两性智力性因素的分布不均衡是后期文科和理科成绩的最大影响力，特别在理科领域更为明显，性器官的发育带来了荷尔蒙的变化。在小学阶段男女生荷尔蒙的指数高低不一样，男生身高有的长得快，有的后发制人，女生的成熟度也有差异的明显。应该说在小学阶段，女生比男生的发育要早、智商相对要高。值得注意的是，智商和智力所表达的数学概念是不一样的。智商是一个相对值，智力是绝对值。在以知识性学习为主的学习方式中，记忆力就显得尤其关键，记忆力又是智商的重要表现形式。因而在小学女班长，女小队长司空见惯 。

美国宾夕法尼亚大学 Rubin Gur 博士通过大脑和脊髓的研究报告显示：

大脑的详细连接图能够帮助我们更好理解男性和女性思考问题的差异。一个标准男性大脑中，同侧大脑前后存在许多连接，而女性更可能是左右大脑的连接，这种大脑神经连接的硬件差异出现在青春期。这个研究成果对于研究偏科是一次巨大的促进，偏科的潜伏期定位在小学三年级，也就是十岁左右，女生的荷尔蒙上升期大约在四年级到五年级左右。荷尔蒙改变了大脑左右和前后结构的神经连接，产生偏科征兆。因此，偏科的免疫期放置在四年级比较科学。江苏一所重点高中校长透露了一个秘密：中考总分比女生低 30 分—50 分左右的男生一般在高一第一学期往往在三个月以内超越女生，学校在择校生选择的时候宁肯选总分低于30 分—50 分左右的男生也不会选择女生。

正因为这个解剖机理，男性通常在空间任务和运动技巧方面比女性更出色，女性在记忆任务和社会认知方面比男性更出色。比如，恋爱中的女人智商是最低的，或说失恋后女人的阴影时间更长，那是右脑直观的表现影响了左脑的结论。驾驶汽车的时候女人的方向感比男人差，一个方向感比较强的女人是左脑突出的表现，左脑突出的女人具有较强的理性思维，有能力对事物进行比辨别。男人是左脑动物，女人是右脑动物，本质是连接神经网络的方式不同而已。由于女性大脑的连接是将具有逻辑性思维能力的左半脑和直觉相关的右半脑联系在一起，左脑是结论性的判断，是法官；右脑是摄像头。高中女生听课的时候犯了一个错误：摄像头的角度经常出问题，严重影响左脑的判断力。原因在于左右脑分工中数字记忆归左脑，图片记忆归右脑。

小学和初中阶段在课堂中老师还是比较提倡学生多问问题的，甚至经常使用表扬的手段激发学生的问问题的热情，应该说在感性知识较多的小学和初中，问问题说明学生在课堂中积极参与了教学的情节，动了脑子。但是,高中和小学与初中要求不一样,高中学生遇到问题的时候不能仅仅局限于问问题这样的表象,首先应该想到的是自己去解决问题。高中阶段只会提问题而不会解决问题的学生很难成为尖子生,高中阶段学生的思维应该更加完整和复杂。因此,常见到的高中尖子生往往是在课堂上沉默寡言的学生,小学阶段外向型的性格对学习成绩的积极影响在高中开始大大减弱。因此,性别和学习成绩的关系基本没有多少科学定论。

表2　课后部分的差异研究

选项	解题技巧		概念与公式定理		典型习题		分析思考过程	
性别	男	女	男	女	男	女	男	女
人数	119	126	8	40	68	74	132	69
比例	31%	38%	2%	12%	17.8%	22.4%	34.5%	21%

这组数据从整体上反映出高中学生在数学学习中过分关注技巧和典型习题,陷于题海,不能正确认识数学概念与思想方法的价值。但是男生、女生仍表现出较大差异,即男生对数学思想方法及分析思考过程的重视程度明显强于女生,不太重视基本概念;女生则较多地关注技巧和各类习题,被动应试的倾向较强。这也说明,男生较多地重视学习策略,而女生则比较关注常规技巧。

性别与数学成绩的关系其实是思维倾向的问题,严格意义来说和启蒙教育有很大的关系。小学数学老师对学生思维模式的培养对以后的学习都会产生巨大影响,为了片面追求考试成绩,有的小学数学老师居然让学生背诵数学概念、公式,不仅禁锢了学生思维模式发展,甚至对成年以后工作中的思维模式产生影响。外国学者得到的结论是:小学阶段数学学习就开始存在性别差异,且这种差异随年级逐渐增大。而从国内的调查研究来看,这种看法是不完善的,小学、初中的数学成绩均不存在显著的性别差异,甚至不少教师还认为女生的成绩整体上还稍强于男生。

思维定势对高一女生数学学习方法影响很大。2005 年笔者在湖北宜昌做教研实践时曾经见到的一个案例：一名高一女生的代数成绩还行，立体几何比较差，改进学生的思维模式后效果很明显。简单讲，就是图形的思维关系，通过画图和立体三维图形的 flash 展示，最终在很短的时间就解决了立体几何的问题，这不是解题思路和技巧的问题，而是一个思维模式问题。以上这个案例后来在全国教研实践中还屡屡出现，虽然没有就此进行专门的研究，但是数学与性别的关系是一个纯粹的思维问题。

纵观初中数学和高中数学的差异性，我们会发现一个惊讶的现象：只有 13.2% 的学生怀疑自己的方法存在问题，前面说到的课堂容量、老师的讲课方法、讲课速度等是我们所无法改变的环境，因为学生无法左右速度和容量。既然改变不了环境那就面临两个选择：一种选择是被这个环境轻易地淘汰，一种选择就是改变自己去适应这个环境，我们发现很多学生在高一考试成绩不佳的情况下往往怨天尤人。

第七个变化是初升高以后带来的心理变化。自从高一的第一次期中考试结束以后，阵营开始分化，朋友圈的交际坚决贯彻学习成绩"物以类聚，人以群分"原则，实际上真正的心理分化阶段在高一开始出现，如果说基础知识分化期在高二，那么心理的分化往往会提前在高一开始。进入高中，孩子的成绩突然下降，孩子着急，家长上火，如果这时家长还不转移注意力，那么与孩子的矛盾将无法调和。因为孩子内心的痛苦和经过挣扎后的失败，这不是家长仅仅用一句"学习刻苦点"就能够解决的。我们感慨的是不专业的家长为教育带来的负面效应，针尖对麦芒不是解决问题的办法。从高一学生内心世界去关心他们，从探寻学习方法的过程中寻找解决方案也许是唯一的正确答案，其实绝大多数的高一学生原本都是想学好的，至少曾经努力过。

在此我们简单介绍一下高中学生心理特点便于学生进行自我认识或者家长管理,可以总结为以下几点:

(一)和初中相比较有稳定的世界观和价值观

同父母的关系不再像初中那样矛盾尖锐,也不像小学那样和谐融洽,基本呈现出“井水不犯河水”的态势。关系趋于稳定和理性,要么和父母是朋友关系,要么是同事关系,要么仅仅只是血缘关系。高中学生的人格发展相对稳定,主要表现为高考的理想无论大小都是相对固定的,崇拜的偶像不再像初中学生那样整天跟着潮流走,不仅偶像数量没有初中学生多,而且也相对比较固定,高中甚至开始出现“自我崇拜”,也就是偶像消失,追求个性化是高中学生思维求异性的表现,类似尼采“上帝死了”的哲学思想开始出现。与众不同的发型、与众不同的服装、与众不同的思想等都是高中学生求异性思维特征的表现形式,只是很多重点学校非常注意学生个人仪表规范化管理,个性才最终被压抑在身体里面,没有释放出来而已。难道我们看不到吗?

(二)思维方式中社会化特色更加明显

加入社会的需求是高中学生的迫切需求,成人化的符号在大街上基本不太容易分辨是高中学生、大学生,还是社会青年?差别明显减少,娃娃脸消失,思想逐步成熟,让孩子知道家庭每月最基本的收入和支出是高中家长管理高中学生的一个基本要求。

(三)人际交往趋向分化

从高一开始学生的人际交往更加趋向于“等同价值”,学习成绩好的会和学习成绩同样不错的同学成为好朋友,混日子的会和自暴自弃的打成一片。初中二年级以前像“水浒”一般的朋友关系不复存在,也就是说学习成绩是人际交往的一个基本标尺。

（四）学习责任心增强的同时，焦虑感和孤独感增加

和初中阶段相比较学习的责任心增强，高中学生听说大学生就业形势很严峻的消息后自然会联系到自己的未来，而对于初中学生来说则是无动于衷的。高中生对未来的职业选择和人生理想的憧憬会让他们充满焦虑，于是在孤独的学习生活中，早恋现象较初中会更加突出。

（五）学习成绩分化加剧

因为初中基础知识的差异，加上初中和高中的基础的一体化和紧密性，初中基础薄弱的学生，在高中的学习将变得愈发困难。也就是说初中“后进”的学生在这个时候才真正明白初中的价值，而通过加倍的努力弥补基础知识的不足是高一学生唯一的机会。但是我们始终很难见到初中学不好，高中能学好的学生。

（六）偏科现象突出

初中的偏科现象一般在初二年级达到最严重，但是经过中考的洗礼以后，一些潜在的偏科即使无法通过中考检查出来，也会在高一年级集中爆发，而且往往是偏科程度愈发严重。

高一年级是充满动荡的一年，高一年级的前三个月主要的任务就是找到开启高中课程的新钥匙。因此，高一的前三个月对于高中三年来说几乎就是“龙头”，实现基础知识的九五化也是一个门槛。迷茫、失落、新奇等词汇充斥了高一，初中和高中衔接也是学生进入重点大学前最后一次学习方法技术层面的调整，没有了开门的钥匙就只能破门而入，从而很早就陷入苦学的境界难以自拔。

我们把初升高的学习差异全方位给大家总结一下：

(1)初中属于积累性学习，高中则属于迁移性学习。初中强调勤奋，决战高中先决条件是方法。

（2）初中数理化属于初级概念化，高中则偏向理论性，比如初中化学的燃烧，高中则变成能量变化。

（3）初中学生属于外动力性学习，高中则属于内动力性学习。

（4）初中文科的读写思维相对较为简单，高中的读写超越文字本身，追求语言环境，阅读条件更加复杂。

（5）初中主要发展求同性思维，高中则主要发展求异性思维，高中思维的独立性更强。

（6）初中老师教案或者学案的设计围绕学生“能否学会”，高中老师则围绕“如何超越教材”，初中依靠课堂，高中主要依靠课后。

（7）初中的教学管理主要依托班主任制度，高中则主要依靠自律，对班主任的依存度下降。

（8）初中学生学习责任感比高中差，“三观”的形成和高中相比是不完整和不稳定的。

（9）高中学生非智力性因素更趋成人化，行为习惯稳定，学习成绩也比初中稳定。

（10）初中学习方法主要依靠模仿建立，高中学习方法主要依靠自我经验，比初中更加丰富多样。

（11）初中学生对老师的崇拜感比高中强，师生如同父子，高中学生更加喜欢追求自我，师生如同朋友，表现形式也比初中内敛。

（12）高考选拔重心是能力的考核，中考选拔重心则是基础知识的达标。

如果初中基础知识不错，高一第一次期中考试成绩没有下滑的话，从方法的角度看重点大学的大门已经打开了一半。对其他高一学生来说高一暑假或许是一次难得的机会，两个月时间不必学习新课，最好停下来把高一的基础知识完成修补，这对整个高中三年的学习效果都会产生积极影响。如果再彻底一点,利用高一暑假把初中的基础知识稳固一下则效果更佳。对高二学生来说已经没有这样的机会,因为高二暑假在中国实际已经变成高三的一部分了,高一暑假是高中阶段第一个暑假,也是最后一个暑假,高考结束以后,全是暑假了。拥有的时候不知道珍惜,一旦失去才发现价值,所以失去其实也是一种价值。侯孝贤在《最好的时光》一文里这样说道:所有时光都是被辜负被浪费后,才能从记忆里将某一段拎出,拍拍上面的沉积的灰尘,感叹它是最美好的时光。

痛苦是高一孩子成长的必然,社会不会同情一个弱者,虽然无病的呻吟可以暂时缓解痛苦的强度,但是随后往往更加痛苦。高一阶段那几个老问题每年几乎都会出现,而且带有群体性,如高一新生打游戏,学习散漫,提不起精神,吊儿郎当,对父母更加厌烦,或者置若罔闻,我行我素等。看看那些家长焦急的脸色,也会愈发感觉到这些问题的迫切性。

无数孩子回顾自己高一学习生涯时都使用了一个核心词:失落,而且感受深刻。因为从入学开始有种感觉就一直存在:苍茫的天空,苍茫的我,玩到何时都不会尽兴,世界于他们就是一个游戏场,反正在父母眼中有千般不是,何必计较,甚至在许多重点高中也存在嘲笑勤奋上进学生的现象。

高一新生的这些行为特征难道是因为“真空地带”因素导致的吗?

其实这个真空地带的形成是环境导致的。由于对高中三年的学习规划短期内又无法成型,或者说思考的比较少,习惯于初中阶段的“老师和家长干预,自己去执行”之类的被动学习模式。高一的形容词可以这样概括:失落的一年,迷茫的一年,新奇的一年,无动的一年,真空的一年!我们应当主动迎难而上,正如崔万志演讲里有一段话:今天很残酷,明天也很残酷,后天还是残酷,我们唯有面对残酷。

高一开学时,家长的说教或者班主任的德育工作往往是苍白无力的,人只有痛过之后才会感觉痛苦的根源。高一学生的问题我们往往需要离开学习成绩去思考。首先跳出学习这个圈,然后再新建真空地带的价值观,可以概括为:第一,读哪个大学?第二,读什么专业?第三,从事什么工作?用目标来引导孩子,减少迷茫带来的困惑,进而找到学习的目标。

对孩子两耳不闻窗外事的教育,都是虚伪的教育。解决高一新生的世界观、认识观无疑是首要的任务。可以说,这是给孩子重新启动内动力的一次良机,而且一旦启动,高二和高三就不会出现巨大迷茫周期。例如,学什么专业?这个问题对文理分科就是一个提前探路的过程。用古人的观点说:读万卷书,不如行万里路!说教的方法是最无聊最低能的一种做法,只能说明家长不懂孩子。

3 第三章 试卷性格

本章我们重点探讨考试的属性、试卷的组卷原理、试卷和学习方法的关系、试卷和学习习惯的关系、试卷和思维倾向、未来职业倾向的辩证关系和考试策略。

我们先来认识一下考试的属性。考试大体分为两类，第一种类型的考试可以称之为选拔性考试，选拔性考试的目的是选出人才，淘汰庸才，找出良材，剔除蠢材，选拔性考试在中国基础教育阶段只有中高考。学校平时所进行的考试属于第二种类型，我们称之为诊断性考试，诊断性考试和选拔性考试的目的是不一样的，诊断性考试的目的是考出问题而不是考出成绩，这是我们对诊断性考试的认识。对诊断性考试的评价标准则是：考而不改，不如不考。

《论语》中有一句话讲得非常精辟，孔子说："见贤而思齐焉，见不贤而内自省也"。"见贤而思齐"是指看到别人比你强的方面，我们首先应该具备思齐的精神，向比自己优秀的人看齐，这也是儒家思想中的外在修养。"见不贤而内自省也"是指发现自己不良方面要深刻的自我反省，这是儒家思想中的内在修养，试卷分析体现出内省的精神。

从近几年中考命题的趋势看，试卷表现出来了“一大一小”的态势，“一大”指的是考试习题数量稍微加大，“一小”指的是考试习题难度系数有所减小。这个特点出现后，学生应该注意两个问题：一方面作业状态下对做题的速度要求很高，当然提高解题速度的前提是审题速度要快，速度和审题的经验有关，和做题的数量也有一定关系，但不是必然关系。第二方面是提高做题的正确率，提高正确率是首要保证，没有正确率的速度就失去了意义。中考“失分比例”的控制更加严格，所以中考的确比高考的细节要求更高，学生考试成绩的拉分点已经不再是难题，更多体现在细节上，因此，对学生学习习惯的培养要更加关注细节。

高考也开始强调细节考核。清华大学附中一位老师经过研究发现，学生在高考中出现十道错题中，其中七道题不是不会做，而是粗心等细节问题造成的，而考试阅卷的评分标准往往是按照步骤得分，细节已经成了高考的拉分点。

中高考基本上都退出了“拉大分”的时代而进入“拉小分”的时代，不能在一道习题上拉开十五分，也许只能拉开两三分，积少成多导致最终考试成绩被拉开差距，从而实现选拔的目的。因此，考试试卷中经常出现“半对习题”比较多的学生要注意，半对是丢小分的基本特征，就中高考而言一定是“凶多吉少”，因为“半对现象”的失小分刚好会掉进中高考的失分陷阱中，同时这也说明学习方法不完备、不科学、不系统。

那些初中曾经不太努力的高中学生特别要注意：考试成绩上不要和别人比基础，要和自己比进步。进一步讲，和别人比基础是不现实的，因为毕竟初中当时的努力程度不一样，有人刻苦，有人懒散，经过高中三年的努力如果基础知识有长足的进步，无论高考考取什么样的大学，高中三年也是无怨无悔的。

接下来我们探究试卷的设计原理。首先我们要认识试卷的结构，按照标准化的试卷设计要求，一般试卷会在习题设计时候划分为两个部分，我们习惯称之为一卷和二卷，首先从认识一卷开始。

一卷位于试卷的前部，习题类型主要是客观性习题，以选择题和填空题为主。通常一卷的考核目标为学生的基础知识，从思维形式来看一卷也是考核学生的聚合性思维能力为主，也就是化零为整的能力，其知识来源途径主要是课堂。因此，选择题和填空题的得分能力能够折射出课堂的听课质量，前面说到了目前中高考的失分比，利用失分比就可以评价一个学生所掌握的基础知识情况。

我们以前更多对学生基础的评价只是局限于基础好坏的定性分析，但是基础薄弱到什么程度的定量分析不太容易评价，现在用中高考的失分比这个数据就可以进行定量分析。利用中高考的失分比来评价基础的时候要注意到，一卷和二卷不能用失分比来搞平均主义，通常来说一卷的失分比要低于试卷的总体失分比，一卷的难度比二卷小，只有这样才能为二卷的失分比留下足够的空间，确保试卷的整体失分比达到中高考的失分比的要求。也就是说一卷“失分比”低于试卷整体平均失分比越多，越说明基础知识扎实，考取重点大学或重点高中的筹码越大。因此，当一卷的失分比越接近试卷整体失分比这个值的时候，风险也会越大，甚至很多学生的试卷可以称为：“二卷赌博”，形成二卷风险大的主要原因就是一卷失分太多，当然是基础不扎实的原因造成的。

实践证明，在期中或期末考试的试卷上，一般来讲失分比是一个相对稳定的值，偏差并不大。月考或单元测试的一卷失分比不能作为整体基础评价的依据，因为即便就是计算出来的失分比也只能评价某月或某单元的基础知识的掌握程度,并不代表能对学生的整体基础知识做评价。

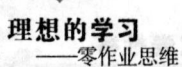

通常来说,试卷难度系数稳定的前提下,随着学生学习方法的形成和学习习惯的稳定,失分比值也就越来越稳定。初中学生的失分比和高中学生比较来说,高中稳定性要好,因为高中学生的学习方法和学习习惯要比初中学生稳定。

其次是初中学生的基础知识评价方案。前面探讨过中考命题特点,在难度变小的状况下评价基础知识的难度要比高中大。中考试题一般以地市为单位独立命题,中考的“失分比”是以地市行政区域划分的,无法统一数据,一个省有多少地市就有多少个“失分比”,我们按照13%的平均“失分比”来计算,初中学生考取重点高中的一卷“失分比”在8%左右是比较合理的估算,某些地市的中考试卷“失分比”在10%左右,一卷的“失分比”要求会更加苛刻。

一卷“失分比”达到5%就已经达到基础知识的警戒线了,一卷基础知识“失分比”高于8%以上的学生考取重点高中的可能性已经低于50%了,正常情况下是考不上重点高中的。一卷的“失分比”低于5%的情况下,考取重点高中的可能性就会超过80%以上。还是重申一个观点,初中学生一卷失分比为“零”是现实的,而不像高中阶段,实现一卷“失分比”为零难以做到。因此,从小学开始加强一卷的基础知识管理就很重要。

从命题规律看,命题通常紧扣考试大纲,全面覆盖考点是考试题设计的基本出发点,试题难度较好地实现由易到难,低起点、入口宽、逐步深入的格局。因此,一般一张试卷中最简单的习题会出现在一卷(选择题和填空题)的前两道题,而选择题和填空题最后两道题为起点开始实现难度提升,难易开始分流,也不会出现难易习题扎堆,选择题和填空题绝大多数属于难度偏低的,因此选择题和填空题的最后两道题虽然属于基础类型的习题,但是已经有综合性习题的特点，凡是答错选择题和填空题最后两道题，这种学生通常二卷综合类型习题也会存在问题。试卷一般的设计规律是从易而难，难易分流也比较符合人的思维特点和规律。一卷失分是一种比较普遍的现象，就像每个人都会“感冒”一样，只不过程度不同而已。基础薄弱而产生问题可以说经常殃及二卷，“一卷不给力”是学习中最常见的问题，正因为“一卷不给力”往往造成“二卷伤不起”的格局。特别在中高考“拉小分”的时代，稳固一卷这个阵地，我们才有机会去控制二卷，应该明确基础决定能力。

一卷丢分基本上可以反映五个问题：①听课质量，就是学生听、读、看等感知觉在课堂中是否有效果。上课总是走神，上课跟不上老师的讲解思路，总是慢一个节拍、不吻合，教和学的两个过程，课堂上没有配合好，听课效果便会大打折扣。②基础知识。以前积累的基础知识对现在一卷丢分的影响也是非常大的，初中基础主要看初二，在高中阶段会产生连锁反应，这点毫无疑问，高中和初中的关联性比较多。③预习效果。有的孩子预习只是走走过场，其实还不如不做预习，基本是在浪费时间，做预习有个要求：必须要做预习笔记，有了预习笔记以后能大大的解放课堂空间，让学生把更多的精力分配在听课上。④课堂笔记。从小学、初中到高中阶段，老师课堂讲解的节奏越来越快，要适应老师上课节奏，课堂笔记是一个非常有效的法宝。⑤复习效果。复习效果差的主要原因还是复习方法问题，全面总结一卷出现的这五个问题展示给大家参考。

二卷丢分问题目前在学术界争议比较大。理科二卷丢分基本上也反应了五个问题：①例题的思路。这个例题我们前面已经提到过了，课本内例题和课本外的例题的解题思路在作业中应用广泛，二卷丢分最直接的原因就是课本外的例题没有理解。②习题反思。若当天作业写完以后把经典习题的解题思路进行总结和反思便能起到举一反三的效果。③思维倾向。有的孩子擅长聚合性思维,有的孩子擅长于发散性思维,我们知道一卷考的聚合性思维为主,二卷考的是发散性思维为主,理科偏科实际上是二卷丢分问题。理科的小题丢分所导致的学习成绩差,并不在偏科范畴里,每个人的天赋和思维倾向是不一样的,女生更多的可能倾向于聚合性的,男生更多的可能比较倾向于发散性的。④熟练度,也就是习题训练的数量。训练数量达不到的情况下,习题的解题思路没有这种直观认识,就会导致审题时间比别人长,有的孩子一看到新题,马上能想到做过的旧题类似的解题思路,这样会产生似曾相识的感觉,习题数量如果达不到,这种感觉是不复存在的。⑤考试心态。作业心态和考试心态是不一样的,尤其像学校期中考试这个级别,多数孩子希望能够考好,如果心态不稳定也会导致考试发挥失常。

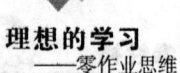

考试是一门技术,考试从结果来说还是以考核学生学习能力为根本出发点,这样也就注定了中高考的试卷上必然机关重重、陷阱满地。中高考是障碍赛,是智力和体力的结合体,从这个角度论证也说明了考试的确是"技术活"。

既然中高考是障碍赛,那么就会存在障碍的设计问题,一种非常规的形式是把陷阱和阴谋布局在整个试卷中。第一个是打破学生常规的思维习惯和思维定势,表现为试题的设计往往虚张声势。例如,在某些习题的设计上,在已知条件上故意复杂化,光已知条件就给了四行半,然后是图形复杂化,很多学生往往在考试的时候看到这种习题就习惯性地将之归为难题,而且分数也"待你不薄",其实这种习题往往是"纸老虎",以恫吓为主,就像窗户纸一捅就破。之所以很多时候难以捅破是因为学生在一开始往往被唬住,大脑"不战而屈人之兵",考试中的心态在考试成绩制约因素中首当其冲,往往考试结束后才发现原来是如此简单的题,悔恨不已的同时又百思而不得其解，其实干扰正常的心理发挥正是此类习题的意图，也就是“难题不难”。第二种表现是中高考试卷上也有很多比较简单的习题，经常三言两语就把已知条件交代清楚，然而这种习题往往才是真正的“职业杀手”，微风过后不曾见血，悄无声后便会中招。现在命题侧重对学习能力方面考核，考试结束以后估算的分数往往和实际的分数之间的差值比较大，原因在于小刀子割肉不见痛，也不见血，但是最后积少成多而差之千里，扮演的其实是“微笑的刺客”，因此难题不难，简单的题往往不简单。

第二个打破就是常规的考试习惯。从小学开始考试我们发现试卷的难题往往分布在“二卷”，也就是试卷的后半部分，“压轴题”经常就是最后一道大题，然而在中高考中这种布局经常被人为替换，具体表现为难题前移，学生考试的时候经常也有这样的感觉。一道只有五分的选择题或者填空题居然运算量达到了满满一页草稿纸，在试卷前半部分见到这种习题的时候，经常心理准备不足，在对习题困难预计不足的情况下依靠先前的经验进行判断，其结果往往导致学生开始怀疑自己的能力，自信心在考试过程中受到严重的干扰，对此应该在考试中处变不惊，在未来的考试中应对这类现象要更加从容不迫。

从考试的基本理论来看我们需要准备好以下问题的对策或准备：考试心理、考前复习、考中控制三个部分。

首先，我们先谈考试心理。实践证明，考试前和考试中的心态对于考试成绩的影响力排到了前两位，也就是说比学习本身更加影响成绩。体育比赛的卫冕现象也告诉了我们，卫冕比赛的过程在水平非常接近的状况下其实是心理的较量，谁背上了负担等于提前成为了“不战而屈人之兵”。

考前紧张的产生是一种非常正常的心理现象，考前不紧张反倒是不正常的。因为正常的人都紧张，因此不要幻想去消灭紧张，往往越想消灭考前焦虑，往往焦虑程度反而越发严重。有研究表明，必要的考前焦虑对考试发挥是有积极作用的，能引起孩子重视复习和细心答卷。只不过不能让焦虑影响了考试的正常发挥。

考试前焦虑的产生与环境的关系是息息相关的。如说考试前几天家长反复强调本次考试的重要性，这个属于低层次的引导错误。还有的家长安慰孩子，说根本不会在乎考试成绩，更在乎孩子本身的快乐，考试失败也没有关系，可以从头再来，告诉孩子不要紧张，正常发挥就可以了。只要这种话说出来了等于是在向孩子心理做了一个暗示，是隐性的施加压力，属于高层次的管理失误，但是失误也是一种错误。心理学中有许多的暗示效应和我们的初衷完全相背，如考试前告诉孩子“不要紧张”，这句话对于大多数的孩子属于消极心理暗示，是提示性告诉孩子“紧张感”的存在。球队比赛前主教练往往也会采用低调的话术来答复媒体，如恭维对手的强大，实际也是替自己的队员减压，而不至于高调带来队员的比赛焦虑，影响发挥。

家长应该在考前为孩子创造一个相对科学的环境，避免造成学生考前焦虑泛滥，有以下忠告：

(1)不谈考试就是最好的支援，此时无声胜有声。实践证明：家长是元帅，孩子只是一个士兵，元帅怕了，士兵当然也怕。家长先心理崩溃，孩子后心理崩溃，能否忍住不要吃饭说考试，睡觉前说考试，就连上厕所也把考试捎带上，这对家长是一个考验，考学生首先是从考家长开始的。

(2)不要改变孩子原有的饮食习惯。一个原本在外面吃早点的孩子，因为考试临近了，他的妈妈早晨六点起床在厨房里“叮叮当当”地忙活，是想告诉自己的孩子，大考在即，我已经睡不着觉了，难道你不应该紧张吗？

(3)保持与孩子原有的距离不变。因为大考在即，所以原本一周或者一个月谈心一次，改为三天或甚至一天一次，原本只在早晨喝牛奶，也增加了中午和晚上，关爱的结果导致了心理的失衡，因为很多孩子原本想用“报恩”的思想参加考试，结果能好吗？

(4)不要改变原有的作息习惯。因为城市的堵车问题日益严重，因此在不牺牲睡眠时间的情况下最安全的方案是住宾馆，结果是明天考试今天晚上在宾馆彻夜难眠，建议家长还是提前三五天或一周住宾馆提前适应一下环境最好。

(5)系统脱敏法则是家长应对孩子考前焦虑的法宝。脱敏的关键就是去除孩子对考试的敏感，所以可以拿来笔和纸让孩子把对考试所有的顾虑和担心都写出来，家长帮助孩子把没有必要的顾虑删除掉，这样能有效降低焦虑的程度。

(6)中高考前的目标确定根据模拟考试的状况可以实行多级目标的方案，只有一个目标的时候很容易导致考试前的焦虑，特别是这一个目标没有绝对把握的时候，往往对考试前的心理是有消极作用的。所以把考试分数当作一个相对的目标，如“一模”和“二模”中单科成绩最低的进行组合，换算出的分数作为第三级目标；两次模拟考试中的单个科目的两次平均分的组合换算成第二级目标；把两次模拟考试中单科的最高分数组合换算成第一级目标。不要把自己的考试目标镶嵌在一次或者一个分数上，否则随着考试时间的临近，心理负担也会越来越大，也很容易聚焦“焦虑”。

心理学研究证明，人承受的压力源于人对变化的难以适应，在学习和生活中，环境如果发生大的变化就会给人带来紧张和压力。例如，我们来到一个陌生的城市，举目无亲，有人和你主动打招呼的时候我们总是神经高度警戒，用试探和尝试的心理在交际，并且去适应这个陌生的环境，而在一个自己常年生活的社区里在人际交往中是不存在试探和尝试的心理。如果周围环境一直保持持续不断的变化，那么人就很容易一直处于压力之中，压力产生了焦躁，焦躁的连续积累容易产生心理病态，长此以往“压倒骆驼的最后一根稻草”的情况迟早会来临。

考中的心理调节对学生来说是一种自我疏导的过程，外力几乎不再起任何作用。考试中的心理紧张则与考试过程中的习题有直接关系。比如遇到难题的时候，是心理的自我安慰、自我修复、自我解压功能的一场竞赛。我们都知道考试遇到难题是不可避免的，甚至说是天经地义的事情，但是考试过程中总是有人“想不开”。难题出现的时候应该想“我难都难”，考试习题的设计并不是偏偏在刁难，积极的心理暗示才能产生自信的考试心理，反之亦然。

下面是我们对学生考试过程中自我心理调节进行的过程对比：

表 3－1

	会考试	不会考试
想法 做法	这道题我难，别人也难，所以别慌，让我再想一想，既然一时想不起来，先做后面会做的题目，回头再来做吧	真该死，这道题目我怎么做不出，万一做不出怎么办？不行，一定得想出来
情绪表现	镇定，从容不迫	急躁，冒汗，理不出头绪
2/3 的时间过去了	会做的题目都做好了，正在仔细分析难题，“啃骨头”	后面还有好多题目没做好，正心慌意乱
考试即将结束	A. 解出了难题，正在复查 B. 放弃难题，做好复查工作	还有题目没做完，顾不上复查
结果	考出了比较理想的水平，心情轻松	发挥不佳，心情沉重

其次，我们来谈谈考前复习的问题，按照规则来说所有的考试几乎都是有范围的，其实也就是考纲，熟知考纲是考前复习的关键，无论是中高考还是期中或期末考试都必须要遵循的原则。重视考纲也就是所谓的“考什

么”,复习内容是考纲决定的,包括学校平时的诊断性考试也要明确考试范围,考前“猜题”是迷信思想,恐怕在考试过程中带来更多失望而心理失衡,这是对考试认识狭隘决定的。

最后,我们来谈谈考中控制,考试过程的控制包含以下内容:时间控制、心理控制和应急控制。从目前考试的发展状况来看,标准化考试未来是大势所趋,标准化考试核心就是命题更加正规,在题量、难度系数、习题类型、答题时间、阅卷标准等各个方面更加规范化,也就是更加明确,不会因为命题的老师更换而导致习题在题量、难度系数的跨度范围、习题类型、答题时间、阅卷标准等出现偏差,这样也达不到诊断目的,尤其是选拔性级别的中高考命题设计更加正规。对于参加考试的学生来说就必须遵循一个规矩去设计自己的考试过程,并在多次考试实践中把这个考试过程演变为稳定的考试方法和习惯,这样考试发挥就不会出现大起大落,便不会轻易动辄以发挥不佳来搪塞家长或老师的质询,让考试成绩更加稳定。

让我们先来看看考试过程发挥不佳的一些现象,也就是常见的考试败笔。比如说,小题大做、不审先试、求快不查、绣花草稿、粗心连连、赌大后小、文具不齐、争先交卷、得意疏微、断章取义、涂抹如豹等。

从考试时间控制来看,一卷选择题和填空题解答完毕的时间应该控制在35分—45分钟以内,否则二卷的习题很可能出现时间告急。一般来说标准化考试的难度系数、习题量和时间是有关系的,三者的数据还是相对稳定的。答题的成本就是时间,小题大做就是很多学生的不易察觉的一个失误,五分的习题花费了六分钟以上,这个肯定是亏本买卖,其他习题的时间必然受到挤压。

应急控制是指在考试过程中出现意外状况如何处理的问题。比如说,考试时间明显不够用怎么办?检查的时候发现习题审题过程出现严重失误,但是已经没有答题的时间或空间怎么办?因此,应急训练很有必要。假如再有五分钟就要收卷,但是还有两道题没有做,其中一道正在做,要如何选择?一种是继续答题,当然前提是你有十足的把握确保证正在答的这道题能完全正确;如果没有十足的把握也可以有第二种选择,那就是放弃此题而去答最后一道大题。我们都知道目前考试阅卷也属于标准化考试范畴,按照答题步骤得分是阅卷所遵循的规则。因此,考题不空是考试一个基本原则,一定要有亮剑的精神,首先不能放弃,放弃一道题将意味着陷入投降主义。如果某一个步骤正确,最后阶段也能有所收获。

把本单元总结一下,考试过程的控制从心理调节开始到答题的顺序、规则上应该进行有效训练和应用,设计成口诀如下,希望同学们熟记在心。

乱云飞渡　　我心从容
浏览全卷　　从简后难
难题不难　　舍我其谁
我难都难　　小河湿鞋
难题前移　　二十分钟
大题不空　　舍大求小
我会全得　　尽力无悔

参加考试的时候一定要具备隔岸观火的心态,在考场中,别人焦虑,我自暗喜,虽然做人不应这样自私而应该主动救火,但是做考前自我心理安慰不失为一种好方案。试卷下发后不要着急答题,首先应该查看题量,把试卷各个页面浏览一遍,做到心中有数,然后遵循“三先三后”原则:即先易后难、先熟后生、先简后繁。从人的心理思维来看应该是先通过简单题进行思维热身,慢慢达到最佳状态,实际试卷在设计的时候往往也是遵循人的思维一般规律的，从易而后难，尽管偶尔设计一些难题前移的地雷阵，但是总体是把考核学生思维规律作为出发点来设计，所以一张试卷中最简单的习题往往出现在一卷选择题或填空题的前三道，这个也就是送分题的基本原理。小河湿鞋是要防备把试卷中看似简单的习题复杂化，往往在审题的时候出现考试败笔中的“断章取义”或者“得意疏微”，从而乐极生悲。考试结束后学生却往往以粗心来搪塞自己。舍大求小是指大题的审题过程比较复杂，在时间不够的状况下，往往小题的得分更容易，既然拾到篮子里的都是菜，把自己会做的习题都答对，那就是正常发挥，在此基础上较难的习题如果还能捡漏，那就是超常发挥，而会做的习题如果没有完全得分，那就是发挥失常。

总之，考试是一门技术！

第四章 思维盛宴

本章我们主要探讨思维的原理、思维的特点、思维的分类、思维和学习能力的关系、思维和学习方法的关系以及学习障碍问题。

思维是人类特有的意识。思维是教育无法直接培养的一种能力，这不仅仅是因为思维带有浓厚的基因色彩，而且它还和一个人的成长环境息息相关，最重要的是目前人类的科学家对于脑科学的研究还只是停留在低层次的水平，对大脑的了解仅仅是沧海一粟。

学习方法的产生过程是由“想法”和“做法”两部分构成的，想法决定做法，所以学习方法的根本其实是思维，我们说学习方法可以复制，但又不能完全复制，因为思维本身就是不能复制的。同样的道理，方法是教不出来的，思维是无法教导的。

思维的分类方式多种多样，按照思维的内容划分可以分为形象思维和抽象思维，也叫感性思维和理性思维；按照思维的目的性可以划分为求同性思维和求异性思维；按照思维的途径可以划分为逻辑性思维和跳跃性思维，又叫线性思维和图式思维；按照思维的方式划分可以分为聚合性思维和发散性思维；按照学科领域还可以划分为文科思维和理科思维，也叫自然科学思维和人文科学思维;按照领域划分就更加繁杂,可以划分为管理思维、执行思维等。

无论思维怎么划分,无疑教育要研究的是全面思维,即培养一个孩子对自然和社会全方位的认知。下面我们主要讨论思维在教育中的发展问题,主要是指和孩子密切相关的思维形态。

第一节 学习能力

本节我们主要探讨学习能力的形成过程、学习障碍、思维形式和思维导图。

一言以蔽之:学习能力的核心就是思维能力。

每个孩子也许从出生起就注定了学习成绩的差异,说每个孩子都是天才,只是在某个特殊的领域而已,如果后期教育无法发现孩子的天赋,也许就注定了平庸。

学习能力的本质是思维,学习方法的宗旨也是思维,但每个人的思维都存在差异性,这也导致学习能力的发展出现个性化特征。

举例说,在一场数学速算抢答比赛中,假设所有孩子都没有进行过速算训练,但为什么一道简单的运算题,有人快而有人慢呢?思维的个性化差异其实从小就能显现。江苏卫视《最强大脑》节目里魔方比赛,选手们蒙上眼睛都可以成功,这种发生在大脑深处的运算是天赋异禀,还是后期训练?因此,千万不要认为教育是万能的。

小学奥数中的"鸡兔同笼问题""相遇问题""植树问题"等等,在后来的高中理科学习中变成了例题建模,就是要引导学生对某一类问题进行思维定向,从而达到迅速解题的目的。一旦这种数学思维方式建立起来,这类孩子的解题速度和正确率就会大大超越一般孩子,有人说这是在培养机器人,学校变成高考加工厂、班级变成模具车间,还有人说"建模"式数学思维在将来会制约孩子的数学创造力,那么建模思维到底对还是错?

在学习过程中我们往往看见已知条件和结论之间明明已经建立了逻辑关系,但在解题过程中却又突然卡壳,使得一道志在必得的数学题最后以失分而告终。线性逻辑思维为什么会中断呢?又是什么因素制约了思维的深度?这些问题恰恰验证了思维对学习能力的核心影响。

一个人的思维能力是由思维的广度和思维的深度共同构成,思维的广度可以理解为思维的形式,以聚合性思维和发散性思维为主;思维的深度可以理解为思维的内容,以抽象性思维和形象性思维为主,或者称之为感性思维和理性思维,或者称之为图形思维和数字思维,又或者称之为逻辑性思维和情感性思维,但无论怎么称呼都是思维的内容。线性逻辑思维是人类的智能性标志,其他动物身上虽然也有思维,但却没有这种最高级的思维。

我们去解一道数学题时,首先是分析问题,即审题。这个时候在思维形式上是聚合性思维,聚合性思维将再现以往的已知经验,当发现已知经验无法找到已知条件和结论之间的关联,即已知经验无法解决问题时,就需要运用未知假设寻找思路,此时大脑就开启发散性思维,发散性思维的广度会决定思维的全面性,"绞尽脑汁"就是形容思维的广度。

一旦找到思路,运算和解题的过程又开始运用聚合性思维,所以如果审题时思路不完整思维往往会半路卡壳,或者注意力不集中导致线性思维短暂中断,人们称之为粗心,所以粗心实际上就是暂时中断导致的任务偏离正确方向。本质看粗心是由于注意力无法集中,如果这种注意力持续度并没有随着孩子年龄的增长而增加,那么,在思维的深度要求越来越高的情况下,线性思维暂时中断的可能性就会加大。因此,在教育中"树大自然直"

的观点只是一厢情愿的美好愿望，奉行自然主义的家长经常犯这个错误，而无教育原则的溺爱也会导致这个问题。

我们平时所说的学习方法实际上是思维的方式，即思维的广度，是指已知经验和未知问题之间的思维关系，它能为思维的深度提供平台，这也就是说如果思维的广度不足，思路狭窄，那么思维的深度也就不足，线性逻辑思维常常受阻，进而影响到问题的解决效果。

其实学习过程会受到思维方式制约，文科和理科学习过程的差异也很明显。以集中复习和分散复习的效果来说，文科分散复习的效果明显比理科好，查找一般性规律时不能忽略文理科的思维方式差异，这个差异决定文理分科和将来的职业倾向，而学习成绩能够反映这种思维方式的差异，但不是全部，后期对思维的广度和深度影响好像也并不是必然的。

思维的线性逻辑受到思维方式制约的情况下，如何克服？一味追求别人的方法不可取，要懂得去借鉴，只有这样才能为解决上面的问题提供依据。

解决一个孩子思维方式的转变其实就为解决思维的线性逻辑问题提供了可能性，但当我们为解决一个问题而对其过度关注的时候，思维的广度往往无法扩展。在不同的年龄阶段，每个人思维发展水平是不一样的，而且表现出来的差异很大。例如，国家课程规定小学六年级每分钟阅读量为460个字。有些孩子掌握了，有些孩子没有掌握。

这里有一道简单的测试题：

(1)假设你是一个7岁的孩子，学校今天没有上课，你有一天的时间可以独立支配，你会做什么？

(2)你有一天的时间可以独立支配，你会做什么？

测试结果发现同样是成年人给出的答案，第一道题答案的创造性明显比第二道题要高很多。这个测试也告诉我们激发创造力最好的方法是把自己想象成一个孩子。对大多数人来说,随着年龄增加和教育程度的加深,原生态的想象力和创造性被课本知识挤压,像沙漠吞噬良田一般在逐渐丧失。学前儿童一般平均每天询问父母 100 个问题,有时候问题太多,令家长厌烦进而产生让孩子闭嘴的想法。不幸的是随着教育程度加深,爱问问题的孩子真的“闭嘴”了。小学、初中、高中三个阶段,学生问老师问题的平均数字呈现出严重的下降趋势,创造力也和问题数量下降一样“被吞噬”,是知识扼杀创造性,还是教育模式本身?这是一个值得思考的问题。

我们来看看一个人的思维发展过程。

心理学研究表明 1—7 岁是一个孩子创造力最强的阶段,随后逐渐缩减,直至消失殆尽。人与人的大脑结构不同,必然有些人天生更倾向于聚合性思维,有些人更倾向于发散性思维,这些都取决于遗传基因,但基因密码人类现在仍然没有完全解开。例如,有一种怪异的病叫作额颞痴呆,患者左脑的神经细胞大量死亡,双侧额叶、颞叶前端萎缩,会逐渐丧失说话的能力。正是由于无视社会规则、社会禁忌,才使他们的艺术才华却被释放出来,一辈子没有拿过画笔的人竟然得到绘画比赛大奖,从来没有碰过乐器的人竟然能够即兴演奏,真是神奇的“大脑景象”。没有证据表明艺术训练能提升人的创造性,但是教育实践不断证明的是,接受过艺术培训的孩子都能强化大脑的注意力系统,从而使得思维更加专注,对学习有极大的促进作用。也就是说,艺术训练价值和奥数智商训练价值几乎同等,都能让一个孩子更加聪明。

心理学研究表明,7—11 岁的孩子属于“具体运算阶段”,也就是数字性思维发展最关键的时期,处于这个阶段的儿童能够形成概念、发现关系并解决问题。但是,所有这些都必须与他所熟悉的物体和场景有关,也就是说小学阶段的形象化思维是思维的主要发展阶段。例如,小学的分数概念,1/6 与 1/9 哪个数字更大,不少的孩子并不清楚。如果拿个同样大小的蛋糕来切分一下，小学生就一目了然了。抽象的数字思维往往是通过形象的思维场景来实现。

大约到青春期，儿童的思维开始发展到“形式阶段”，即进行抽象思维，初一年级数学中复杂数字变成了一个小小的A，使得数字运算大踏步地向形式运算挺进，使得运算的深度不断冲刺人类大脑的极限，这个时候数学成绩剧烈下滑的现象再次追问：是什么原因造成的？这是很多孩子的问题，就算校外补课也只是暂时稳定了下滑的速度，而下滑的现象依然存在。

如果能够了解到其他的各种可能性，就不会受眼前具体情形的限制。从A地到B地，存在着好几种可能性（几种可行走的方案），不可能拿着尺子去量，这就得借助抽象思维进行思考。小学数学当中有很多是关于行程问题的，学习这些内容，就需要学生掌握一些分析问题的方法，如图示法就是其中一种。一条简单的辅助线可以让原本复杂的解三角形简化一半步骤，学生会问老师：别人能想到，我怎么就没有想到？没有想到的原因就在于思维对于转型没有做好准备，还是以前惯性的思维定势。

也正是由于思维发展水平的不同，孩子理解事物的能力不一样，小学数学中的行程问题、百分比问题、植树问题等等，对很多孩子来讲都是难以理解的。所以，不少孩子数学成绩到三四年级已经掉队。这些几乎都是教学方式的问题，空洞对空洞的思维在教学中泯灭了很多孩子的思维发展，数学在逻辑性的数字和图形中搭建的舞台是一切思维活动的核心，同理文科的阅读就相当于思维的“有氧慢跑机”。

人类对世界的认知是从图形开始的，认知学科离开了脑学科在当下简直寸步难行，不研究思维导图而研究学科规律的做法是无本之木。假以时日若能把中学各个学科规律性思维导图画出来，学习难度会大大降低，学科的思维导图在某种意义上就是学生个体学习策略和方法，如果某一个学生能够把这个学科导图画出来，那么学习方法的难题几乎迎刃而解，教育管理就会直接到达方法和习惯的环节。

思维导图是课堂教学改革的基础，也就是说学案导学就是思维导图的教学应用，找不到学科思维导图的导学案不过是堆积的习题。这个导图可以系统，也可以不完备，但是一定伴随教师个人学科思维导图而存在。从这个意义上说，教师是学生思维导图的领路人。

那么中国孩子启蒙教育是从思维导图开始的吗？答案是肯定的。因为从左右脑的发展来说，右脑是构图的，左脑是逻辑的。天下雨地面就湿，这个简单的推理就是左右推理的协调过程，地面湿了然而并没有下雨，这个现象首先是由右脑发现的，随之把任务交给左脑进行理论提取，最终上升为逻辑关系：地面湿了，不一定下雨！这个案例演示的正是左右脑的思维导图。

通常来说，认知能力的形成主要是两个部分：接受知识的能力和知识转化的能力。一个人如果不知道去主动思考，或者想法是错误的，那么其执行力就会大打折扣。比如，写作业这个问题，既不知道为什么要写作业，也不知道老师为什么要布置今天的作业，在这种情况下做作业肯定会出问题，即实际执行能力会出问题，如敷衍现象、抄别人作业，为完成作业而去完成作业，导致大量的作业习题变成了小和尚念经，最终没有成为学习真正的主人。

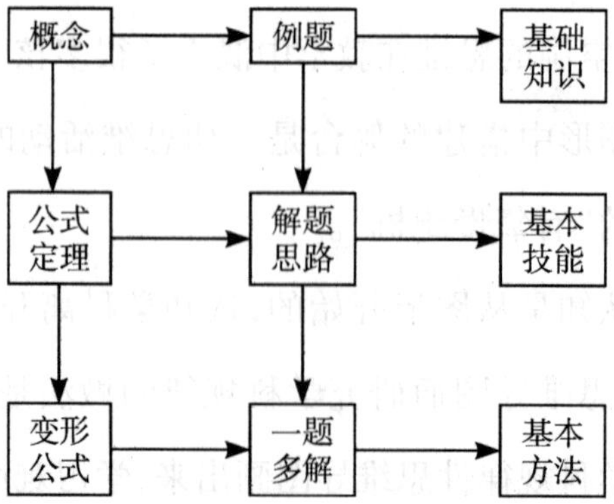

图4－1　知识迁移和能力发展的关系构成图

怎么想决定怎么做(图4－2)。对于学生来说怎么想都包含了以下内容:知识是什么?知识为什么?知识怎么样?怎么去学习?学习目标是学习习惯形成的原动力,而怎么做是知识应用的问题。归纳一下认知过程:是什么、为什么、怎么样、干什么,共计是四个部分,其中前三个是怎么想,后面一个是怎么做。我们再一次发现学习过程中想比做要多,工厂里工人加工零件的时候,当模具或模型摆在面前时,怎么想已经结束了,更多的是怎么做,在管理中更加强调执行力,不必想,只要做好就可以成功了,部队中也强调军人以服从命令为天职,其实也是强调了执行能力,对学生来说是刚好相反的——怎么想如有小问题,怎么做就会有大问题。

不仅如此,而且有时也会导致怎么想和怎么做分裂,如对知识的认识本身就很肤浅,而把大量的精力用于习题训练,最后导致了知识和能力的分裂,知行不能合一是学习中经常遇到的问题。课能听懂,作业和考试中的习题不会做,课堂中的知识到手了却不会应用。

学习能力是一种高级的认知过程,强调了人的思维能力,而没有强调执行能力,因为思维能力和执行能力相比,学习能力更多是大脑的运作过程,如果二者都强调那就不能凸显学习能力的核心,在“怎么想决定怎么做”的理论中我们还是把怎么想划定为学习能力的核心,企业管理中可能更加强调执行力,特别在车间或者行政部门,没有了执行力,所有的规章制度都是一纸空文而已,执行力在某些方面是灵魂,但是学习过程中思维能力才是灵魂。

知识与思维的关系决定了一个人的思想力,思维与执行力的关系延伸出思想力,使其变成最终生产力。培养有生产力的人才,并使其终身持续发展才是正道。陶行知先生说:行是知之始,知是行之成。他所倡导的知行合一的教育观点是人本主义的教育价值观,因此可以这样说,一个人的行为和

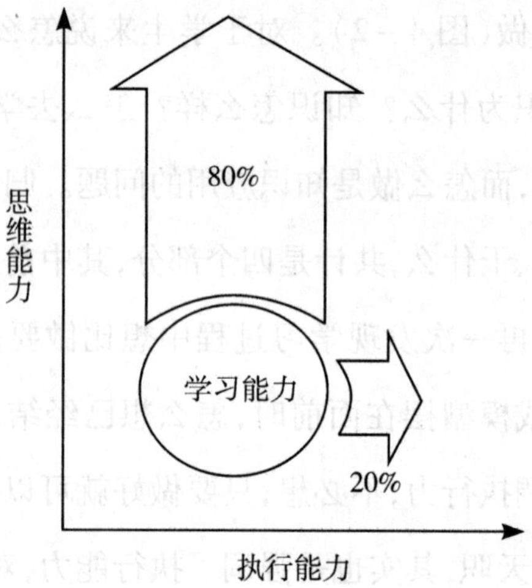

图 4-2　怎么想决定怎么做:学习能力构成关系图

思维的关系取决于认知的过程,而认知的过程往往是一个漫长而痛苦的过程,即把 80% 的精力投放在思考上,只需要 20% 的执行力就可以把事情做得完美,认识论决定了方法论;但如果把 20% 的精力去思考问题的话,那么 80% 的精力带来的执行力往往大打折扣。

企业管理的法则和认知法则是不一样的,美国 ABB 公司董事长巴尼维克说:"成功的领导者,5% 在战略,95% 在执行。"学校管理不同于企业管理和军队管理,后者强调执行力,而学校的管理核心应该强调思想力,校长对教师的管理模式和宾馆经理对服务员的管理模式是不一样的,学校应该是思想圣地,大学的意思就是广阔的思想地。

知识爆炸的年代来临之际,能否在学习过程中,找到一套适合自己的科学、系统的学习方法,并在认知过程中延伸成学习能力,将最终决定我们的社会价值。

学习是一个人的发展权利,属于基本人权,联合国教科文组织倡导终身学习观,学习也是人类的一种天性,是与生俱来的本性,那些刚刚退休一年就好像衰老十岁的老人也验证了这个观点:停止学习就是衰老的真正标志。

不喜欢学习或者厌恶学习实际是弃权的表现，我们对学习的不尊重就如同我们对自己脸面的不尊重。

一项在1395名大学生中开展的调查显示：59.1%的大学生对自己的专业没什么感觉，约21.6%的大学生只是勉强就读，而3.5%的大学生对自己的专业"十分不喜欢"，说明了长期的教育功利性会导致专业和职业的失衡，做非所学。这尤其容易误导那些初高中学生，因此上大学除了学习知识以外更为重要的是训练和加强学习能力。

学校不是寺庙或教堂，办学的目的也不是在家长们"望子成龙"心态下培养杰出伟大的人物，培养有独立人格的社会公民才是社会教育的终极目的。

原来教育的目的就是获得一种学习能力，这种学习能力的直接表现形式就是人的思维更加聪明、人的生存能力增强。通俗地讲，"家财万贯不如薄技在身"，做任何事情都需要有正确的方法和策略，学习也是如此。

第二节 阅读和解题过程

本节我们主要探讨聚合性思维和发散性思维的特点，并以此研究阅读方法和解题过程的逻辑思维规律。

人类的创造性思维源于思维的模式和习惯。思维的定势是一种经验，打破这种定势后所获得的思维的途径也许就会开始探索创新性思维。创新思维的核心是源于聚合性思维所带来的经验，然后由发散性思维的再加工后形成新的经验，人类应该就是在新老经验的交替更迭中不断推动文明的进程（图4-3）。

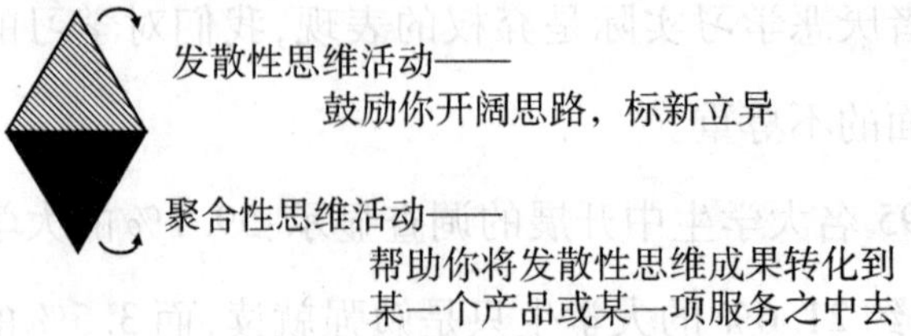
发散性思维活动——
鼓励你开阔思路，标新立异
聚合性思维活动——
帮助你将发散性思维成果转化到
某一个产品或某一项服务之中去

图 4－3　创新过程

聚合性思维是我们在解决问题中经常用的一种思维方法。例如，科学家要从已经掌握的多种资料中，通过对数据和信息的抽象、概括、判断、推理的思考过程，得出揭示某种事物规律的科学结论。由于聚合性思维是常用的一种思维方式，在运用中首先要注意多收集信息，信息越多，越有利于聚合出正确的结论；其次是要细心地筛选，完成对收集到的信息去粗取精、去伪存真的选择过程，然后再经过抽象、概括、比较、归纳，找出其最本质的东西；最后客观地、以信息为证据得出科学结论，从而获得思维目标。逻辑思维中的三段论正是应用了此原理。

聚合性思维有哪些具体的方法呢？

(1)求同法，也称求同除异法，是指排除不相干因素，找出共同因素。例如，张庄有人出现中毒，李庄也有，王庄也有，是因为食物吗？吃的食物不同，排除掉，是因为水源吗？他们饮的都是同一水源，找到了这个共同因素，就得出饮水中毒的结论。

(2) 求异法，是指排除相同的条件找出不同的差异和因素。这里举一个很有意思的例子，某地有一“怪洞”：猫、狗入洞则死亡，人马入洞则无事。实验人将猫、狗抱进去无事，而它们自己进入则死亡。最后发现：离地面近就会发生此现象，因为猫、狗矮，自己进洞则死亡，把它们抱进去等于增加其高度，而人与马均较高，因此差异的因素就是地表近处有某种致命的物质，从而得出该洞的地下会冒出大量二氧化碳气体，其密度又比空气大，沉在洞底，矮小动物进入就会造成死亡。

(3)剩余法。例如,公安人员要通过各种勘察、侦察手段获取大量证明犯罪事实的信息,如现场印痕、作案时间、手法、物证、人证,将这些已知的信息经过分析综合之后指向一个目标,用的也是这种方法。

(4)共变法。就是当某种因素发生变化,另一因素也随之变化,解释了这两种因素之间是怎样的一种因果关系,如温度计就是这种共变思维的产物,即水银柱的高低反映了外界温度的高低,它与外界温度有一种共变的因果关系。

聚合性思维有三个显著的特点:一是同一性,是一种求同性的思维过程,即要通过求同找到解决问题的方法;二是程序性,是指在解决问题的过程中,先做什么,后做什么,有一定的顺序,使解决问题有章法可循;三是比较性,就是指问题只有一个,解决的方法却有许多,哪种方法最好,就是要在众多的方案中找出一个最佳的方案。

什么是求同性思维?你如果喜欢一个人,一般这个人至少不讨厌你,推己推人,学习应该是从求同性思维开始的,我们在传统课堂上曾经对老师认同和崇拜,有人说父母千万不要欺骗孩子,这句话道理毋庸置疑,原理是什么?因为这样的做法会影响或者干扰孩子求同性思维的发展,使得求异性思维过度,进而产生逆反的心理定势,甚至发展为反社会性人格。

什么是求异性思维?你看一个人不顺眼的时候,其实这个人看你也不顺眼,所以教育过程中教育者和被教育者的感受是等同的,青春期和更年期的对立,这个象征简直就是形神兼备。

我们下来看一个求异性思维的案例。

把一杯热水和一杯凉水同时放入冰箱中,热水先结冰还是凉水先结冰?

你的答案是凉水,也许按照思维导图来说属于求同性思维定势;你的答案是热水,也许你的思维定势属于求异性思维定势。当然这道题的答案是热水,然而对于原因,几十年过去了人类依旧没有一个标准答案。

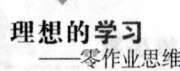

一个非洲的儿童在做冰激凌的时候,因为凉水用光了,临时用热水来做,等一会他们打开冰箱的时候,奇迹出现了,居然是热水先凝结成冰,这个孩子非常不解,第二天上课的时候去请教老师,结果被老师误认为是神经病,自然无人理睬,这个顽强的孩子于是写信给许多欧洲科学家,但也都石沉大海。一次偶然的机会在学校遇到一位访问学者,这才终于引起重视,如今英国的一家机构每年还在向全世界悬赏这道题,奖金一万多英镑,当年的非洲儿童如今已经人到中年,这道题却至今也没有一个令人信服的答案。

求同性思维和求异性思维就像人的身体中红细胞和白细胞的关系,二者一旦打破平衡关系,要么免疫力下降,要么生病。科学的每一次登顶之作都伴随着求异性思维,中国古人说:学贵质疑!牛顿看见苹果掉在地上,捡起来思考:为什么苹果会往树下面掉?为什么不往树上面飞?这就在求异中找到了伟大的第一运动定律。儿童的思维是两扇窗户,启蒙教育的目的是开启智慧之窗,这两扇窗户就是求同和求异,它们使得儿童发现蓝天,但又不仅仅是看见了蓝天。

学生在做题时候,首先应该是聚合性思维,也就是从现象到本质的归因过程,也就是思维能力。这是从例到理的思维过程,从多到一的思维过程,最常见的聚合性思维就是学生的阅读,通过思维将很多的文字聚合成精简的中心思想,所以学生在文科的阅读能力有限的状况下,理科习题审题过程中往往也会产生很多问题。解答类型题正确率很高,应用题的正确率低,往往就说明阅读的聚合性思维能力差。

阅读有广义和狭义之分。广义上的阅读包括看电视、电影之类的视频阅读,运动员对比赛的阅读,乃至阅人也是阅读;狭义上的阅读只是指语言文字阅读。

阅读的好处从学生学习的角度说就四点:积累字词句、提高文字理解能力、积累素材、陶冶情操。阅读是作文之母,也是所有理科学习的原点。语文成绩不好的初中学生对数学学习影响不大,但是到了高中就会缺乏后劲。

报纸阅读在文字阅读中是最简单的,因为新闻的灵魂就是:让人通俗易懂,尽可能让复杂事情简单化,而某些文章则是更深层次的,语言更富有深层意义与潜在性。后者也是中高考阅读素材选取的原则。

从日常阅读习惯培养的角度来说需要全面了解阅读的过程,首先是笔不离手,经历泛读、细读和精读三个基本程序后,再摘抄词句和写读后感,大致是五个部分。

小学生的阅读技术相对简单,找到中心句就大功告成;初中阶段的阅读标准有所提高,往往是把中心句分解为段落意义后进行组装;高中的阅读则是中心句彻底消失。

阅读的第一个工序是泛读,也叫粗读。泛读就是走马观花式浏览,举枪瞄准。泛读对把握作者写作的中心思想来说是非常奏效的方式,大手笔、大踏步地走完风景区,一个人阅读能力的高低某种意义上就是指泛读能力。泛读速度可以看出学生的阅读功底,课堂训练时可以限时,长期坚持就可以养成泛读习惯。泛读也是我们和作者的第一次亲密接触,尤其是中高考最青睐的散文、小说和杂文的阅读,因为散文和小说的情感、杂文的论点都是泛读的目标。相对来说戏剧和诗歌的阅读就比较少,尤其是诗歌阅读难度会比较大,朦胧诗和古体诗最明显。

阅读的第二个工序是细读。细读的目标是明确文章段落结构和段落意义,阅读速度明显下降,所以语境进入也是从细读开始的。培养语感的首选阅读方式就是细读,用我心触摸他心,这样的阅读才会产生共鸣,与作者一起体会潸然泪下、心花怒放、失魂落魄、忐忑不安等感觉,字里行间犹如发酵的荞麦流淌出的酒曲，香味弥漫。细读是享受文艺的一杯卡布蒂罗，也是非应试阅读中人们最常用的一种，当然身体和灵魂能否进入作者的文字世界，还是要看一个人的心态。中学生阅读往往进入不了细读环节的原因就在于被阅读后的问题牵绊，往往需要在文字中翻箱倒柜地找答案。因此，细读的培养最初可以只读不答，不带问题地阅读，放开思想的风筝线，尽情享受阅读的欢悦。

阅读的第三个工序是精读。精读也是细读的延伸，精读的目的是考究影响语境的词语，如果说细读是大碗饮酒的话，精读则是舌尖上的仔细品味。

精读的成功还是取决于构建的语境能否和读者的身心交融，一些名家名作为什么我们每读一遍都有不同的收获，原因就是精读从遣词造句的玩味中探寻出来的，文学评论中有一句最经典的话：一千个读者心中会有一千个哈姆雷特，也就是阅读使读者产生的意境是不一样的，假如我们的阅读意境和作者的初衷吻合就会产生强烈的共鸣。

中高考命题的阅读素材选取一般还是比较青睐散文，因为散文阅读对细读和精读的要求更高，形散的表现形式对学生阅读的基本功考核更明显。

我们在阅读中经常也会用到一个名词“语感”，一个人对语言的感觉和敏感度是需要在语境的背景下长期训练和积累才会产生，有句老话说：“熟读唐诗三百首，不会作诗也会吟”，反复阅读之后其意自现，这就是语感从语境中破土而出的结果。所以，培养学生的语境感悟对提升阅读能力是至关重要的，这就需要老师首先培养学生阅读的美感，说实话对阅读杀伤力最大的就是阅读后学生需要回答问题，很多孩子就是把注意力放在问题上才没有形成好的语感，尽管阅读量很大，却没有分清主次，结果也不尽如人意。

从另一个角度说如果没有了阅读后的问题，大多数的学生往往把阅读简单理解为泛读,甚至阅读的时候都不拿笔,走了一个个过场。每个年龄段的孩子喜欢的主题差异还是很明显的,需要在教学实践中用心去选取。要选取高水平的阅读素材对老师的阅读量要求一定不低,语文老师的阅读是无数学校的软肋,语文老师从事班主任工作的很多,基本泡在班级的油盐酱醋里了,仅仅一本语文书当然是模特的T型台,走秀而已。

培养一个孩子的阅读就必须在小学帮孩子建一个书架,进入中学以后就要进行相应的阅读技巧的培养。笔者推荐语境式阅读技法,这是语感培养和促成写作能力提升的最无声息的方法,效果自然不差。

学习过程和思维模式的关系如图4-4所示,同时也反映出来这种思维和考试的关联性。

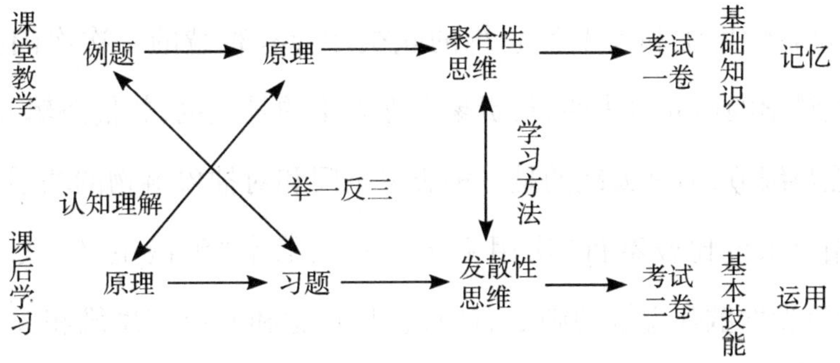

图4-4 学习过程与思维模式关系图

发散思维又叫辐散思维、求异思维,是指根据已有信息,从不同角度、不同方向思考和寻求多样性答案的一种展开性思维方式,与聚合思维相对应。例如,一词多组、一事多写、一题多解或设想多种路子去探寻改革方案时的思维活动。发散思维是一种重要的创造性思维,具有流畅性、多端性、灵活性、新颖性和精细性等特点。

人的创造性思维更多是发散性思维参与其中,也就是从例到理、从一到多的过程。其实电子游戏也更多在培养人的发散性思维,那么小孩子为什么喜欢游戏而不喜欢做题呢?原因很简单:如果让一个小孩子天天打游戏,而且游戏打不好的话就处罚，那么游戏在一个小孩子心目中的位置和学习的位置就一样了。游戏也好，学习也罢，最终都变成了负担。了解到这一点，不难发现，发散性思维是种创造性思维，但创造性思维却在日常的学习生活中一步步地慢慢被摧毁着。

发散思维是不依常规、寻求变异，对给出的材料、信息从不同角度，向不同方向，用不同方法或途径进行分析从而解决问题的。一题多解的训练是培养学生发散思维的好方法，它可以通过纵横发散，使知识串联、综合沟通，最终达到举一反三。

我们以学生解题为例，解题的过程是由阅题、审题、运算和验证四个过程构成。由此可见解题的过程是一个缜密的思维过程，绝对不是模特走秀过场，其聚合性思维和发散性思维的联袂才会有智慧的一次次闪亮登场。现代神经科学的研究也表明，负责聚合性思维的是左脑，凭借逻辑和分析来检测过程与细节，但是欠缺的是一种想象空间和对抽象事物的联系，也就是说左脑相对来说比较奉行“实用主义”，不太信奉“浪漫主义”或“意象主义”。而负责发散性思维的则是右脑，它与直觉和非语言思维相关联，具有音乐、绘画、综合、整体性和几何空间的辨别能力，能将信息的碎片组合成一个整体，解题的时候大脑的第一反应是聚焦在明显的事实和熟悉的方案上，寻找是否有现成的答案，这个时候左脑就像大哥一样总是冲锋在前。其实大脑就是左脑，小脑是右脑，之所以称为大脑就是因为左脑干活多，左脑工作中若没有发现答案，就会叫醒右脑一起帮忙解决，这时左右脑同时激活，出现左右脑联袂的景象，右脑的神经网络开始搜寻可能与之相关的记忆，为左脑的神经网络提供陌生的模式。不同的意义、更高层次的抽象，在搜索到一个可能的关联后，左脑就像雷达一样迅速对目标进行锁定和分析，注意力系统也迅速进入“一级战备”蓄势待发的状态，左脑迅速地将瞬间锁定的信息和表象在分散状态下组合成一个新的想法，这个想法来势迅猛没有任何可预见性，俗称为“灵感”，当年抗菌药品青霉素就是这样意外地诞生。可见创造力并非伟大的发明，也非绘画、钢琴或者什么奇装异服，而是一个过程，左右脑联袂上演的“杀敌亲兄弟，上阵父子兵”剧目而已。需要人的大脑在发散性思维与聚合性思维之间不断进行转换，从新的、旧的、被遗忘的信息中产生一个全新的、最佳的或者前所未有的结果，这个过程是艰辛的。但是每一次的艰辛就有可能迸发灵感而创造一个新的世界。

我们以学生解题过程的思维为模型来看，思维的闭环导图也就是逻辑性思维的过程是如何完成的，规范的解题过程有助于学生养成逻辑思维的缜密性。

第一步是阅题。

阅题属于典型的思维聚合，将题目中的已知条件聚合成平时课堂上学过的知识点，从而为下一步解决问题的思路提供可能性和可行性。

读懂题干这是常识，但也是最容易被忽略的步骤。通常表现在对题干一知半解时就开始看题肢，当选项拿不准再回头看题干，这不仅浪费时间，还会越分析越糊涂。所谓弄清题干就是要通过阅读，明白其中心思想，要在读题干时联想学过的原理，概括出题目的中心大意。需要注意以下几点：

第一，抓住中心词和中心句。这是理解题意的关键，其目的是为下个环节的解题思路提供参考依据。出题的老师有时经常在中心句和中心词以外设置很多障碍，对于轻松获得的中心句和中心词千万不可大意，反之结果很可能就是断章取义、轻松上当。只有养成搜索关键词和关键句的习惯，在做题时思路才能迅速地进入试题中。

第二，长题干要读短，概括大意；短题干要读长，精析内涵。只有深刻、准确地把握题干，才能在选择题项中不被迷惑，才能在面对大量信息而不迷失方向，才能面对有限的信息而从容不迫。

阅题中常见的习惯性错误就是断章取义，或者得意忘形。仅仅是发现已知条件中显露的几个知识点并没有阅读全部就开始动笔，其结果常常是被“微笑的刺客”击中要害，“煮熟的鸭子又飞了”，真是可叹。考试后又拿粗心来顶罪，这种“习惯性”粗心对下一次又意味着什么？不言而喻。

对于习题中已知条件比较简单的题更应该留意，“麻雀虽小五脏俱全”，不能因为题目简陋就忽略掉阅题的环节，更该倍加小心，不可掉以轻心。

第二步是审题。

审题的过程其实就是聚合性思维和发散性思维的联袂演出。习题已知条件和习题运用的基本概念、定理、公式的排列组合有N种聚合形式，在聚合的过程中发散出距离结论最近和最合理的一种组合，审题过程可以说是边组合边发散，聚合性思维不断为发散性思维提供信息，在不断得到否定之后最终找到一条思路，直通或者间接（如辅助线的运用）通往结论的线路形成后，审题也将就此结束。如果路线不止一个，那么这道习题的解题过程就不止一条，所以做题的核心首先应该训练审题能力。高考允许学生带计算器进入考场，也说明考试的核心是一次对思维的检阅，没有科学合理的审题，计算器又有何用。

第三步是运算，也就是推理的过程。

运算的过程其实就是数字性思维，又称线性思维或者逻辑性思维，属于聚合性思维为主的一个过程。这种思维的培养在小学三年级这个阶段是关键期，一般是偏科出现的潜伏期。

第四步是验证的过程。

对结果和结论进行带入性验证，即把结果和结论放入已知条件中，看逻辑关系是否正确。对于有疑问的题目,可以采取“代入法”进行。即用设问中的引导将题肢和题干连接为一体,形成一句话并检验这句话是否通顺。一般来讲,只需要代入一次,就可以使思路清晰起来。好的逻辑思维习惯、好的思维不是老师教出来的,而是练出来的。

考试的时候答题应该做到“启动慢,下手快”,也就是说审题的过程其实要慢并且要仔细,等到思路出来后进入运算环节就要快,平时不记忆考试前记忆很容易形成堆积,考试的时候就经常出现“似是而非”的局面。

再比如选择题的答题方法无非是两种:直选和排除法,我们对此都比较熟悉,但一定要注意以下几个问题:

(1)答非所问。一般来讲,只要是选不应该选的题项,都是答非所问。其容易导致选择失误的是这样一种情况:题项本身正确,但不是题干要求的选项,这类题目主要考查学生审题是不是认真。

(2)以错对错。题干本身是错误的或荒谬的,题肢的设计符合题干中某个荒谬的观点,但本身是错误的,这个题肢也应选。这一类题目虽不多,但也应引起重视。

(3)偷梁换柱。对已有原理用于题干或题支时改变一些条件,主要是通过“添枝加叶”——增加条件或限制语;或者是“缺斤短两”——减少条件或限制语,以考查学生对概念或原理把握得是否正确。其他如“声东击西”——设问和“题干”的材料设计几乎没有关系,“题枝”只与设问有关;“正话反说”——通常题目考查正确的认识,但这里问你错误的看法。可见以上的选择题的干扰方法没有什么特别的,只要细心都可以应付。

思维水平的高低与学习成绩的好坏有很大关系。中国著名心理学家燕国材研究表明:思维既是学生理解知识的必要心理因素,也是巩固知识的重要心理条件。思维从出发点的角度看可以构图成:收(归纳性思维)放(发散性思维)正(演绎性思维)反(逆向性思维)。如果能够将思维的构图进行辩证性运用的话,那么思维在学生学习中产生的威力非常巨大。爱德华教授曾经这样说过:你不能通过把同一个洞越挖越深,来实现在不同地方挖出不同的洞,而"不同的地方挖出不同的洞"这种思维方式具有平行的特点,因此也称为平行思维。如果思维线路交叉于某点上,必然会相互碰撞而形成辩证性思维,所以学校的课堂其实和我们在公园中玩碰碰车是相同的,老师的思维和学生的思维进行课堂碰撞,经过碰撞后所获得的知识就能很快迁移成为能力。反过来看,如果老师和学生的思维没有发生碰撞,就像高速公路上的车辆一样各行其道,形成平行思维模式,那么往往就达不到想要的效果,这种知识在迁移为能力的过程中不断进行训练,学习中的苦由此而产生。"不同的地方挖出不同的洞"这种思维模式从某种意义上说也是题海战产生的基本思维模式,习题的解题思路有无数条,这些思路的最后归宿都指向了一个个的答案,因此,做题中的快乐其实还是来源于对某种思路的纠结而产生的碰撞,思想的火花是碰撞出来的,有时候比灵感更加具有创造性。

第三节　偏食和偏科

本节我们探讨学习障碍的概念、偏科形成过程、偏科的机理以及解决的方法。

世界上有没有不适合学习的人?

教育实践中接触过不少学习困难的孩子,即使经过缜密分析和习惯矫正,效果依旧不好,起初以为是能力有限,后来综合失败案例进行分析,发现这些孩子有一个共同的特点——无论如何改进学习方法都是无济于事的,专业名词称之为学习障碍。

认识学习障碍的概念。美国目前最权威定义是:“个人固有的,可能由中枢神经系统的混乱引起的障碍。”1969 年美国第一个在世界上以立法的形式对学习障碍的进行了确认。我们可能感到非常的不可思议,学习成绩不好的问题,美国人为什么要立法呢?可见学习障碍是一个社会性的问题,那么中国人似乎从来没有这样认为,我们把学习成绩差的孩子基本上统称为“差生”。

大家要特别注意学习障碍这个概念:一方面强调“个人固有”的,但对于这种“个人固有”到底是先天性还是后天性,概念并没有明确说明;另一方面强调“可能由中枢神经系统混乱引起的”,也就是说目前还没有科学定论,本书揭示的是人类学习障碍的现有研究成果。

接下来认识一下学习障碍的分类:一种是基因引起的,属于先天性的;另一种是非基因引起的,一般统称为后天性的。另一组划分是智力性因素和非智力性因素引起的,智力性因素也就是俗话说的智商,非智力性因素称为情商。

在智力对学习成绩的影响中,最主要的表现形式是智力发展的不均衡。我们知道智商的测试是由多个项目组合在一起的,假如说智商的测试有十个项目,那么十个项目相当于我们每个人的手指,十个手指长短不一,所以每一个孩子智力发展实际上存在一种不均衡现象,这种发展不均衡导致了每一个孩子在学习上存在思维差异,这是先天就形成的。

第二类就是后天性所形成的非智力因素。非智力因素的差异主要表现在两个方面:一个是学习方法的差异,另一个是学习习惯的差异。当然学习方法不单纯是非智力因素,学习方法还包含思维差异导致的内在因素。学习习惯的差异主要是由三个环境所导致的,即家庭环境、学校环境和社会环境。将影响因素按大小排列，家庭环境对一个孩子学习习惯差异的影响基本上是主导性的，学校环境的影响排在家庭环境之后，社会环境的影响相对较弱，所以排名第三。

为什么学生学习成绩之间会存在差异？而这种差异的表现是什么？原先在小学阶段学习成绩的差异并不是太大，而发展到初中阶段或高中阶段，甚至大学阶段这种差异越来越大，原因主要还是和认知的深度有关系，因为相对来说小学的课程难度比较小，所以先天性和后天性两大因素对学习成绩差异的影响不是非常明显，但随着课程的加深，这种影响会越来越明显。

偏科和弱科这两个概念容易混淆，表面上都是学科成绩不佳，实际上偏科专指数理化学科障碍，而弱科则不一定是数理化科目。偏科一定是弱科，弱科不一定是偏科。有的孩子说自己语文英语偏科，其实就是概念性错误，世界上就没有学不好的文科，文科成绩差往往是由于懒惰，所以文科成绩差属于弱科而不属于偏科。数理化成绩差往往不是努力就能够解决的问题，这才是偏科的概念，属于认知障碍问题。

偏科是思维倾向的个性化表现，偏科不是我们通俗认为的脑袋笨，思维倾向没有好坏之分，但是在考试制度的规则下会表现出不同的考试成绩，为了研究清楚偏科的形成，我们先看一个故事。

一对老夫妻总共育有两个儿子，各自成家后，每天轮流照顾父母。大儿子每天送的饭菜种类较少，饭量刚好供父母吃饱，但是味道非常可口；二儿子每天送的饭菜种类繁多，饭量也比较大，后来就慢慢形成了惯例，于是对味道比较看重的父亲就慢慢喜欢上了大儿子送的饭菜，对种类比较看重的母亲就慢慢喜欢上了二儿子送的饭菜，于是父亲经常当面表扬大儿子，母亲表扬二儿子，久而久之，两个儿子之间产生了矛盾，互相指责对方的不足，家庭关系不再和谐。

故事读完了，其实是想说明：大儿子是你的左脑，小儿子是你的右脑，父亲就是理科，母亲就是文科！

早期偏科的萌芽是从基础知识掉队开始的，在家长或老师的批评和表扬的推力下，产生了认知的偏执，一旦大脑进入结构性偏科——思维不均衡，那么偏科程度不仅会加大而且形成永久性的偏科，高中以后几乎难以治疗，大学后几乎就是终身的顽疾。

因此，在方案解决中往往会耽搁最佳时机，语文不好补语文，数学不好补数学，无异于饮鸩止渴，如同癌症化疗，杀死坏细胞的同时也会损害健康，对于偏科只是暂时的缓解，但对肌体的副作用是明显的，会使大脑形成惯性思维后终身难以完成自我修复，一旦住院便不可能再出院。因此偏科形成的本质不属于知识性障碍。

我们总结一下偏科形成的原因：

第一，基础知识缺失，积重难返。例如，数学的偏科现象。由于前期不认真学习导致数学概念的积累不足，演变的过程就是兴趣的逐渐丧失，数量的积累在考试的时候往往有时候可以通过临时突击来获得，但是最终知识也只是在大脑中临时留存了一段时间后再次丢失，到后来发现阅读举步维艰的时候已经把一个小问题演变成大问题。

第二，思维障碍。数字思维转化为图形思维的过程存在障碍，是由不良惯性思维所致，左右脑不是互相帮助，而是互相拆台。小学数学启蒙往往是从数字性思维开始的，如小学三年级之前的数学（加减法、乘除运算等），在后来接触应用题时就需要在运算前加入一个新的思维：审题过程。审题过程其实是一个图形思维。例如，相遇相向问题、鸡兔同笼问题等，在学习过程中开始首先把数字思维转化为图形思维，很遗憾学生在启蒙中没有能够顺利转化，从而为初中和高中的理科偏科埋下了隐患。在接触数学应用题

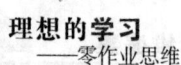

的时候，学生在小学三年级以前的数字性思维遇到了一个困难，那就是抽象，感觉脑袋不够用的样子，听老师讲解的时候一般很容易理解，但是用不了多久又不会了，而且同类型习题很难实现举一反三，也就是说思维的模型很难形成，这样就会更加麻烦。因此，从数学的基本思维规律来看，要把复杂的问题简单化，其实就是数字的抽象思维转化为形象感观的图形思维。前面我们所谈到的分数问题变化成蛋糕问题就是在完成抽象到形象的转化，让学生把所有的数学应用题都用图形表示出来，并养成一种思维习惯，左脑的数字思维和右脑的图形思维相互配合，久而久之偏科就可以解决（图4－5）。教学的实践证明数学问题的本质就是图形，也就是说所有的数学问题本质都是图形。在小学考试中这种偏科并不明显，属于疾病的潜伏期，因为小学考试还是侧重于知识的考核，甚至背数学公式都可以得到高分，思维的考核并不明显，因此偏科并不显现。正因为如此，在功利主义的思想下许多称之为瑰宝的数学“教具”被束之高阁，在小学课堂教学中不被重视，于是乎偏科第一次爆发是在初一年级的考试中。因此，公正地说，初一年级的偏科一般与初中老师没有关系，基本都是小学失误堆积的发作。最终全面爆发是在初二，初中阶段的偏科一般是从初一年级的代数开始的，初中的文科偏科基本价值就不大，只是由于习惯不当造成的，没有多少学习方法的技术含量。通俗地说，是家长不重视孩子学习习惯的品质，再直白就是一个字：“懒”，所以本书不对初中文科偏科做方法分析。初中一年级以后增加理化学科，此后受到的影响也不大，数学差，理化科目好，在初中很常见，属于局部性偏科，解决起来相对容易。然而如果初中阶段不能得到有效解决，一般在高中阶段就会像癌细胞一样扩散而发展为整体性偏科。在初中通过补课和刻苦学习能使学生暂时弥补部分偏科，最终也会在高中课程量加大和抽象性增强的双重打击下，从量变到质变，直到最后的全面崩盘。

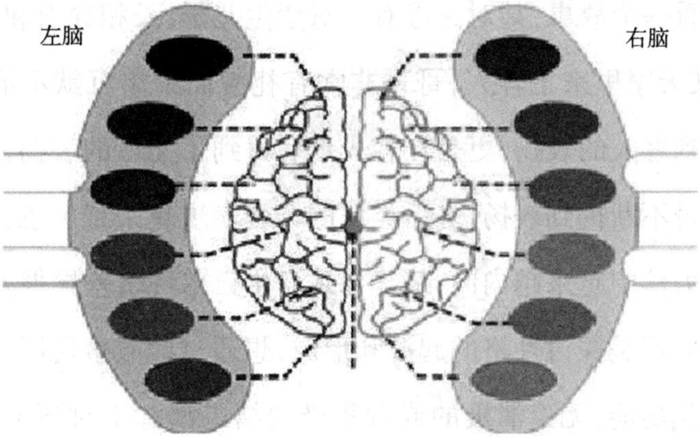

图4－5 左右脑学习分工图

第三，线性知识断链，即前后知识的纵向关系处理不当，缺乏复习和归纳而导致二卷失分非常明显，解题缺乏思路。因此，理科的二卷失分严重是偏科最主要的特点前面已经提起过了，偏科在试卷中的表现就是一卷失分很少的情况下，二卷失分明显。

第四，结构性知识缺失。例如，数学对理化的影响，语文对英语、政治、历史、地理的影响，往往从最初的局部性偏科，如数学好而物理差，最终发展为整体性偏科，数理化全部差。通常局部性偏科经过调整还是非常有希望解决的，一旦整体性偏科形成，思维出现转化障碍，即思维定势的形成，就很难被打破，加之是欠缺性的思维，于是思维的模式也开始结痂，给日后的工作和发展留下伤疤。

第五，部分非智力性因素导致的偏科。例如，在小学阶段因为不喜欢某个老师的讲课风格或者穿着，总之，都是很微小的一些非智力性因素所引起的起初在某个学科出现基础知识的误解。前后不能很好衔接或者对学科产生厌恶以后很难重新扭转回来，除非出现某个英雄般的老师，否则因为启蒙教育阶段的一些令人意想不到的小环节最后酝酿成终身的偏科。

我们再看一个故事:某对父母有一对孪生儿子,长相穿衣和生活习惯都非常接近,某天家里来了客人,哥哥非常有礼貌而弟弟沉默不语,结果哥哥不仅现场得到客人的表扬,更是在客人走后得到了父母的表扬,弟弟却被批评。因为哥哥不断得到表扬,之后类似的场合表现越来越出色,而弟弟在得不到表扬的失落中越来越内向,最终导致孪生兄弟性格差异很大。

在此我们不是探讨性格的起源和形成,想通过此故事说明一个观点:教育是一种强化功能,无论消极的或者积极的结果都源于对孩子心理和行为的强化而获得。强化的结果就是积极更加积极,消极更加消极,从哥哥和弟弟所获得的积极和消极的强化因素中我们不难发现,人的思维就是在心理的积极和消极强化中从相同的起点不断走向不同的终点。偏科现象很不幸就是从早期启蒙教育中的心理强化开始的,不管你愿不愿意承认,这种消极的强化使得很多学生背负沉重的心理枷锁开始跋涉最终累倒。

传统教育一直认为孩子的"偏科"主要原因是他们的兴趣使然,然而脑神经科学告诉我们"一小部分儿童的确存在脑损伤,虽然这不影响一般智力,但会限制他们学习特定领域的知识"。因而当我们发现孩子在某一领域的学习状况不理想时,还是应该谨慎地给他们下结论,要想办法弄清楚原因所在,如果确实因为是某种病症的原因所致的话,恐怕要改变的就不是孩子的态度了。

学习是人的天性。那么在学习过程中人一定还存在一些共性以外的个性,如人的思维是受染色体的基因制约,那些有数学天赋的孩子基本上没怎么刻苦学习就可以取得优秀的成绩,那些发表的有关数学成绩可以提升的论文基本都涉及了数学学习方法,其实与其说数学学习方法不如说是数学的思维方式,几乎可以肯定的是数学作为理工科的基础学科,数学成绩不好的孩子,理化学科也基本上没有戏。

这就构成了数理化成绩普遍不佳的现象，也就是整体性的偏科，而整体性偏科的本质是遗传基因导致的，人类对于这一问题目前无解的！一个孩子的思维方式到底受染色体影响大还是数学老师影响大？我们一直很迷茫这个问题，从学前班开始孩子的数字运算能力明显是有差异的，而且基本上呈现正态分布，也就是两极的孩子差异巨大，中间部分的孩子差异较小，这也就印证了在中学阶段某些中游学生无论怎么努力还是个中游，人类始终都打不败基因的强大。

回头再看看，第一次思维质变期出现时，抽象性思维已经涌现，我们翻看一下小学四年级的数学，就可以验证这个观点，当抽象性和逻辑性思维不断加大力度的时候，小学的第一次学习成绩分化期就非常明显了，那些在小学四年级数学成绩开始下滑的孩子事实证明初中的数学成绩也并不好，当然不是调皮捣蛋导致的那种数学成绩不好，千万别误解。

其实，左右脑在发展过程中一直是一种积极的协作关系，就像孪生兄弟一样不需要协调关系，如三岁以前的孩子左脑受到损害的时候，语言神经系统受损就会出现语言障碍，而这个时候右脑会毫不犹豫地肩负其左脑的职责，承担一部分左脑的语言任务，当然这是有时间要求的，就是孩子的年龄不能大于4岁，年龄越大右脑的替代功能越差。

研究表明，对于6—12岁儿童，如果大脑对信息的计划和同时加工比较差，那么孩子会在数学应用题、复杂函数题的解决和复杂逻辑语文题的处理面前表现困难。如果孩子大脑对信息加工功能比较差，就会表现为需要记忆的课程如历史、政治学科成绩较差。

其实偏科真的和遗传基因有关，但遗传的特点人类还没有找到规律。别再指责孩子学不好数学了，也许真的不是孩子的错。思维是一席盛宴，琳琅满目的颜色和各具特色的味道，很可惜偏食和偏科都是放弃了品尝盛宴，而只偏执于喜欢的食物。

偏科是一个美丽的故事,上帝关了一扇门,肯定会给你开一扇窗,偏科的学生不应该受到歧视,因为偏科并非只是智力低下,历史上一些伟大的人物也会偏科。例如,作家金庸的数学成绩很差,历史学家吴晗考进北大历史系的时候数学成绩是个位数,阿里巴巴创始人马云的中学数学成绩也很差,偏科并没有妨碍这些人物最后的成就。

我们需要给家长提醒一下,不要在孩子上中学以后放弃小学培养的各种爱好,因为这些偏科的孩子在体音美方面的天赋也许比一般文化课优秀的孩子更突出,所以放弃天赋去比拼文化课是不明智的做法。伯乐就是发现孩子天赋的人,老师或者家长就应该扮演这样的角色。其实我们通过"高考状元"现象也发现:那些学习成绩优秀的学生往往也是多才多艺的,对于偏科的孩子而言他们的天赋才是教育需要解决的核心问题,未来也许就是这类孩子的饭碗!

第五章 美丽的中高考,三轮煮酒论兵法

本章主要探讨对中高考的认识以及中高考的三轮复习方法。

考试是一门技术,也是学生在大大小小的无数次考试中不断总结和沉淀下来的法宝,我们前面已经说过了:考试成绩本身也是一种能力,面对选拔性考试时,成绩往往还会决定我们某一人生阶段的发展。本章将从选拔性考试的认识论到方法论,详细阐述中高考的应试方法。

第一节 认识论:传说中的中高考

本节主要探讨中高考命题的发展历程、新课改后考试命题的趋势以及中高考的学习规划。

谈起中考话题,绕不开的是高考,因为高考是中考的指南针,高考对中考的影响从形式到内容都是全方位的。

受西方教育思想的影响,考试制度被很多人批判。就中国的历史、人文、当前国情来看,中高考虽不是最好的选择,但却很好地适应了发展的需

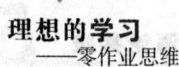

求,成为选拔人才的社会标准。之所以谈这个话题,是因为很多学生及其家长排斥中高考。我曾在飞机上遇到过一位南京学生家长,他抱怨中国教育扼杀了孩子的天性和创造性,准备送孩子去美国学习。其实,中国基础教育目前与发达国家相比较并无太大差别,中国的差生在美国同样是差生,想越过高考找到捷径是几乎不太可能的。

中国经济高速发展了几十年,这不仅是中国经济政策的成功,同时也是中国教育的成功。中国教育为中国经济的可持续发展提供了人才资源的保证,不能不说当初改革开放初期中国走“精英教育”路线是一个正确决定,重点中学和重点大学为此贡献很大。只是随着时代变迁,教育和经济发展不匹配了,大家抱怨教育严重失误,因此后来提出素质教育,取消了所谓重点中学。之所以谈这一段教育历史,是希望同学们要尊重中高考,正确面对这项社会规则。

中国的高考命题经历了一个自我完善的发展过程。1978 年中国恢复高考的最初几年,高考命题一直以“考核知识”为目标,但在 80 年代被批评为高分低能。针对此情况,对高考命题进行改革,以“题目灵活、注重能力”为目标,但大部分老师都反映题目太难,成绩太差。于是,又进一步改革高考命题,以“题目灵活、重视基础、注重能力”为目标,此后以此为原则稳定了很多年。到 1993—1994 年,开发性的探索类及信息迁移类习题出现,高考命题再次做出相应调整。直到 1998 年素质教育全面开始,则标志着高考完成了从合理性命题到标准化命题的过渡,在高举“能力立意”大旗的同时回归基础知识,强调基础知识是基础教育考核重点。回顾高考命题的历史是想告诉读者们:这个逐渐完善的考试制度可以更加公平、公正的选拔人才,这也是每一个步入社会前的中国青年人必须要参与的竞争。良性的竞争能使人更加顽强、勤奋、不屈不挠。

谈到中高考的话题,首先还是从认识中高考开始,从认识论到方法论是我们一个基本的思维过程。上面谈到了很多关于高考命题的发展沿革,从试卷形式的标准化,到命题内容的基础知识不可或缺,对中高考的认识在概念上有了一个比较清楚的内涵和外延,什么是中高考?

中高考的成功是基础知识的成功!这个如果不算是定义,权可当作是中高考的速写,从考试的角度认识中高考定义才是实用主义的概括。

经过多年对中高考的调研发现,在考试中的那些成功者,他们的成功秘诀各式各样,这也许源于个性化的学习方法;而那些考试中的失败者,分析他们失败的共同点,则只有一个——基础知识差。

要想在中高考获得高分,基础知识无疑是突破的重点。很遗憾的是能够看懂这句话的人实在太少了,所以我曾经感慨:99%的高三学生在教室里做题,所以99%的高三学生考不上北大清华!现在很多的初三或高三学生,学习目的不明确,虽然经常是熬夜学习,可是要学什么、该怎么学,其实并不清楚。他们还经常会问一个问题:考试就剩几天了,成绩还能提高吗?当然可以,但前提是你必须继续夯实自己的基础知识。

按照高考的“二八”法则计算的话,高考总分中的80%就在考核基础知识上,要想在中高考中获取成功,就必须踏实地做好基础知识的积累。基础知识扎实一天没有什么,最难能可贵的是十几年如一日的扎实!

“新课标课程”出现后,对传统考试最大的影响就是开始强调“学习以外的东西”,在中高考重视基础知识的同时,开始强调情感和方法,从而把原来的“双基”变化成所谓“四基”。

具体地说文科更加注重阅读,理科更加注重试验和探究。研究告诉我们:中高考英语失分最多的题目是阅读理解和完形填空,完形填空是变相的阅读,不过比阅读理解多了词汇和语法,综合性更强而已;语文失分最多的题目也是阅读。在新课标文科越来重视阅读的背景下,城乡学生的教育资源差别会非常明显,这就需要对农村学生进行弥补性的师资培训。理科的实验和探究特点更加明显,“实验”这个词屡次出现在考试大纲,表明了中高考对学生能力和学习策略的关注。

夯实基础知识积累还是要从大量的习题训练入手,但在初三和高三两个学期这短短9个月中,如何做题以及该做多少题成了至关重要的问题。其实,初三和高三的做题和其他年级不同,更讲求实用主义,即仅仅为了巩固基础知识！所以说做题的类型及数量应根据个人的基础知识掌握的扎实程度而定。

在对中高考有所认识后,应在此基础上制订学习计划。当然,学习计划的制订,不是盲目的,要根据基本的复习原因制订相应的计划,即

做题是为复习服务的

复习是为基础服务的

基础是为考试服务的

通常的中高考的复习策略普遍采用的是三轮复习方案。三轮复习方案的时间划分方法、内容划分方法等都不再讨论,笔者直接从实用主义出发规划复习方案。

第一轮复习是指老师把三年级的新课讲完后,带领学生把一年级和二年级学过的旧知识汇总完成总复习,统称为一轮复习,又称为全面复习。第一轮复习时间一般为:三年级九月份开学直至第二年的三月或四月左右。第一轮复习由两个阶段构成,即完成新课阶段和全面复习阶段,为什么要把新课阶段划入第一轮复习呢?因为高三或者初三学生九月份开学后往往进入中高考备战状态太晚,表现为下午放学写完作业就自认为学习任务已经结束,其实这种心态是一二年级学生的学习状态,作为高三或初三的学生,

作业完成只是完成学习任务的一半,应该腾出手来做的第二件关键事情就是提前复习一二年级的知识,抢在老师引导复习之前进行,这样效果甚好。因为一二年级不努力的学生毕竟是大多数,就算在三年级突击学习,从突击效果看,突击时间越长其效果越好。把中高考复习希望全部寄托在老师身上的学生,是对自己不负责任,这样做如同赌场押注一样,风险太大。为什么? 因为一年级和二年级有人勤奋、有人懒惰,把希望寄予老师,那是空洞的幻想。一轮复习也是"少壮不努力"的同学们改变考试结果和改变自己命运的最后救命稻草。如果再失去了第一轮复习的先机,中高考之路将会异常崎岖坎坷。

学生自主性的第一轮复习其实应该在冬季就开始。所以,把九月初三年级开学作为第一轮复习的起点还是非常有科学依据的。自主性第一轮复习和引导性第一轮复习并行是一种明智的策略。

第二轮复习是指第一轮复习结束后通过第一次模拟考试的检验,开始的专题性复习,学术上称为切块复习,学生的学习转入查漏补缺阶段,因此第二轮复习的核心是在第一轮的基础上展开的,也被称为重点复习。如果说第一轮复习强调全面的话,第二轮复习开始强调重点,全面收缩阵线,趋向于学生的个性化目标。第二轮复习通常会在四月份左右开始直至五月中旬左右结束,时间大约一个月,某种意义上说第二轮复习是学生学习方法、自学能力和自我管理能力的较量。

第三轮复习是指在第二轮复习结束后开始进入的最后冲刺复习,因此第三轮复习又称为中高考冲刺。目前很多教育机构在每年的十二月份左右就开始喊叫中高考冲刺,更有甚者在九月刚开学就开始叫嚷,其实非常不专业。真正的冲刺时间应该是指距离中高考还剩余不到一个月的时间,其实也就半个月到二十天的样子。一万米才跑了几百米就喊冲刺绝不科学,冲刺的次数多,基础知识的改良效果未必就好,就像粉刷墙面一样,不是说粉刷的次数越多效果越好,第一遍和第二遍如果没有把底子打好,次数越多反倒容易漆皮脱落。因此对中高考冲刺的认识应该是指一万米跑到最后一两百米的时机,按照教练的赛前战术安排发起冲刺,千万不要瞎冲刺,若违背体力的分配原则,也不容易提高成绩。

第二节　方法论:一轮复习策略——寂寞的一轮

本书是把三轮复习按照独立的章节进行论述,相对来说内容翔实,本节将主要探讨一轮复习的方法和管理要点。

一轮复习是中高考复习的根基,是中高考成绩的主要决战阵地,是把三年分散的知识点集中起来的过程。一轮复习分为老师引导性一轮复习和学生自主性一轮复习,前者是在新课全部结束后由老师引导完成的,后者则是学生根据自己以前的学习状况,灵活机动展开,而且从复习效果看二者必须结合起来,学生自主性一轮复习应该走在老师引导性一轮复习的前面,带着自己复习中发现的问题来配合老师的引导。

"一轮复习抓笔记"是一轮复习的方向,因此一轮复习的灵魂就是课堂笔记,为什么这样说?因为中高考的"二八"法则告诉了我们基础知识的重要性。基础知识源于课堂,初中或者高中三年基础知识的总汇就是课堂笔记。在此提醒同学和家长,不要把一年级和二年级的教育做得太急功近利,学生的学习管理用三年战略的目光去看待也许更加科学。有个学习工具小贴士:就是在一年级开始就购买质量较好的笔记本,便于以后三年时间连续使用。

真正的中高考备战应该是"三年规划",用三年的时间做一场备战,具体的原料单如下：

（1）口号：一轮复习抓笔记。

（2）前一年的中高考考试大纲，打印装订好。

（3）三年的各科课堂笔记。

（4）足够的基础类型习题库。

（5）一轮复习时间计划。

（6）合理的中高考目标和一颗耐得住寂寞的心。

没有准备好的同学要尽可能地去把以上的原料找齐，否则敬请退场。准备好的同学们，我们一起进入一轮复习准备作战。

第一件事情，准备前一年的中高考考试大纲，细读考纲，把各个科目考核的知识点数量进行逐个的盘点，搞清楚知识点数量后对一轮复习的目标就有了清晰的认识，然后可以和各个科目的老师谈谈一轮复习的时间规划，大致了解本学校的一轮复习什么时候开始？什么时候结束？换算出来截至今天到一轮复习结束还有多少天，然后再用天数和考纲中知识点数量相除就可以计算出来日复习量。这个日复习量是学生在老师引导的一轮复习没有开始的时候就已经开始的，因此还要注意“日复习量”和自己平时的学习功课或作业不要产生明显的冲突。根据时间规划和日复习量就可以在三年级开学一周或一个月后把自己一轮复习的计划制订出来。前面已经说过，学生把老师布置的作业做完只是一二年级的学习心态，进入中高考复习的状态时间不能太晚，这样当老师的一轮复习开始的时候，你自己的一轮复习计划也刚好在某月的某天结束，标志着一轮复习工程顺利竣工。当然和同班同学不同的地方是抢在老师前面的你已经完成了一轮复习。这样做有四个好处：其一是数量上的成功，比别人多了一遍“一轮复习”；其二是质量上的成功，抢在老师的前面会使你的听课效果比别人更有针对性，因为抢先确认了疑点、盲点和考点；其三是基础知识的扎实程度将因为质量和数量的改进而更加牢固，中高考成绩会因此受惠；其四是自主性一轮复习走在老师引导性一轮复习的前面，如果自主性复习出现问题，还有老师的引导性复习“断后”，那是相当的安全。

第二件事情是习题训练应该以基础类型习题的训练为主。这里的“为主”是指时间分配给基础类型习题的最多，但不是全部。这个时间段内我不提倡学生进行难度习题训练，特别是花费三十分钟左右做一道习题更是得不偿失，偶尔做一两道难题考验一下自己还是可以的。本身中高考试卷中的难题比例就不高，抓住基础知识，在基础知识上不丢分，再向难题挑战才是根本。尽可能避免中高三年级时花太多时间在难题上，因为中高考没有冠军只要成功过线就可以了，所以，怎样最保证拿分就怎样复习，才是提高成绩的关键。

教育界人士都非常重视一轮复习和第一次模拟考试，毕竟一轮复习是考试根基。就一个学校而言，从高考的角度看是实现“一类本科”升学数据最关键的一项，如果一个学校的“一类本科”升学率在下降，肯定是一轮复习的主导思想出现了问题；某些不在预想名次中的学生能够进入“一类本科”，那一定是学生个体一轮复习的胜利。因此，要在一轮复习下大功夫是毫无疑问的事情。

第三件事情就要谈及文理科目复习的具体操作办法。语文和英语应该以字词句整理积累为主，用考试大纲或者考试说明做引导，完成从书本中把字词句的基础知识从分散到集中的过程，一轮复习还有一个别称叫“地毯式”复习。文科一轮复习特别强调的是数量，不要有漏网之鱼，“宁可重做十遍，不可使一个漏网”。按照经验来看：语文字词句的整理通常是一周一本书的速度推进，花费一周的“课余时间”把一年级语文第一册的字词全部回笼,如果时间不是很充足的话就只有向晚上索要时间:熬夜开始挑灯大战字词句。战斗虽然波澜不惊,但是中高考的成绩单上会永久留下今夜的每一场巷战,说一轮复习是“寂寞的一轮”就是从这个意义上说的。我们试着想象一下:抱着书本抄字词的感觉是多么的无聊!毕竟这个行为很像小学生的样子,但大家都心知肚明的是试卷中文科一卷习题就是字词句积累,虽然凭借字词的出色积累不能把我们送进重点院校,但是字词却是“成事不足败事有余”,一旦在此处被拉分,后面要想追回来恐怕很难。也有学生甚至寄希望于老师将来会安排专门的时间去完成字词整理,这种想法简直就是痴人做梦,老师用课堂时间去做这样“低层次”的事情,对学习成绩好的学生并不公平,不能因为是低层次就认为可以省略,更不要寄希望于老师。调整好心态,把这个观点讲解给没有中高考经验的“新兵蛋子”,目的是不要在总结自己中高考失败教训的时候居然把字词问题归入,特别对一些自诩聪明的学生,不要在阴沟里翻船。讲道理的目的是想让学生明白利害关系,学生们几乎都知道错题本的重要性,但是又有几个人认真去执行呢?主要的问题还是没有把利害关系理解透彻,凡是用“可有可无”的心态去做,其结果是即使做过也无效,因为和小和尚念经的结果是一样的,庄子说“无为”的“无”是永恒的客观存在,因此我们只能在有限的“有”中去追寻价值,“有”没有价值则何谈“无”的永恒?

第四件事情就是理科的操作方案,文科从形式上看趋于平淡,理科则显露出碌碌无为的实际效果,因为学生对理科复习更多理解为“做题”,这种策略其实是下策,前面谈过做题目的是什么?是为了巩固基础知识。因为再笨的学生都知道理科的基础知识就是“三个基本”,即基本概念、基本定理、基本公式,但又不能让学生仅仅去抄写和背诵“三个基本”。

从书本教材上对理科基础知识的设计来看,我们前面也已经谈过了是

“概念＋例题”模式，或者是“试验＋概念＋例题”模式，通常在阅读理科教材的时候，应该把理科概念的里外都翻看一遍，光看理科教材，还不如做题有用。阅读基本概念后应该通过例题进行巩固，例题包含书本内的例题，单纯地对本单元基础知识进行巩固，我们更应该看课堂笔记上记录的“课本外例题”，来源于课堂上老师的补充，对线性知识的融汇作用这种例题功不可没，当然通过做题也能达到连接的目的。但是从效率看，“课本外例题”的数量和用时都比做题强很多倍！虽然我们不知道做多少道习题能够达到融汇线性知识的目的，那就最好把昨天的旧知识和今天的新知识通过习题训练的方式，最终达到融会贯通的目的。有老师总结：做三道基础类型习题可以掌握一个知识点，整体是3:1，但是线性知识的连接是永远不能总结的，有人是10:1，也许有人是100:1，也许是一个我们永远不知道的数字。线性知识的连接和学生做题的数量没有直接关系，关键是做题以后的总结很重要。这个时候我们终于发现：“课本外例题”在中高考一轮复习中的重要性简直不言而喻，因此一年级和二年级学生如果阅读本书到此处的时候，感想如何？不需要老师的反复叮嘱，不需要家长的唠唠叨叨，也不需要没完没了的模拟题，实际上我们只需要这个宝贝就能很轻松地把一个一个的知识点串联起来了，在准备一轮复习素材的时候，还要准备一个“足够的基础类型习题库”，应该说市面上销售的教辅中真正这么纯正的不是那么容易找到。学习中原本很简单的东西都被人为地搞复杂了，复杂得连我们自己进去也不知道出来的路线在哪里？最后在少量练习题的基础上把错题整理出来，就好像在整个前进的车队最后面挂一节车厢专门装垃圾，垃圾最后再次回炼就变成最好的宝贝了。

第五件事情就是对往年本地的中高考原题的利用问题。推荐同学们在一轮复习结束以后到学校真正的第一次模拟考试之前使用，其效果最佳。

究其原因,其一是一轮复习结束后有个三五天的时间学生要准备模拟考试,时间充足;其二是本地往年的中高考原题是所有教辅都无法比拟的。现在市场上很流行各个名校的模拟试卷,但实际上这些能买到的各校模拟试卷到底有多大的价值,或者说有多少是真正名校当年的试卷,这些都值得怀疑。所以,只想告诉学生一个观点:书本教材才是我们一轮复习的可靠的阵地,一轮复习的老师们通常是明白这个道理的,他们会详细告诉你,迷恋教辅的后果是一场赌博!如果学校有自己本校课程编写的一模试卷就另当别论了,毕竟不会偏离中高考命题的主流方向,强烈谴责那些为赚取金钱而贻害毕业班学生的出版商。

第六件事情就是学生的一轮复习的生活管理问题。前面谈到了"熬夜"是很多学生迫不得已的最佳选择,那是"年少轻狂的代价",谁让你当初没有用功?开夜车是一个很不科学的学习行为,我们并不鼓励学生这样苦学,因为本书一直在强调学习是快乐的,但是对某些确实无路可走的学生来说,开夜车也不失为一种选择。

于是我们只好给学生教会"开夜车"的科学道理,特别声明一下:开夜车并不适应所有的学生。例如,晚上多学习了一至两个小时,第二天上课的时候,脑袋一直处于混沌状态,那么很可能这个学生的特点就不能开夜车;看见或者知道全班同学都开夜车,自己打着哈欠也往上冲,其结果适得其反,不如不开的好。

总结一下开夜车的特点:"一长加两短",每天晚上一个"长觉",即深度睡眠的时间,如果能够保证白天精力充沛,就把"长觉"时间确定下来;两短是指有两次"短觉",各睡半个小时左右即可。需要向同学们提醒一下:三年级是任务繁重的一年,再忙也不能耽搁了睡觉,兵法上说"以逸待劳"也是这个道理,避免在三年级进行长时间学习。勇敢不是赤膊上阵,那是匹夫之勇，鲁迅先生早就批驳过的。三年级最忌讳就是一口气学习两个小时以上，可能一个小时就会达到人的大脑极限，一般把学习时间控制短一些，很有规律反而效果是最佳的。不管再忙每天保证有三次睡眠，其实毕业班学生能够睡着觉何尝不是一种幸福！幸福是一种能力，睡觉本身也是一种能力，睡觉质量高的话说明心理非常健康。脑科学研究表明：大脑经过休息以后，学习能力也会表现增强的趋势，简单地说就是人会更加聪明。实验证明当一个人学习的时候，其行为表现和睡眠的关系非常大，睡眠时间少于六个小时的时候，学习能力一般表现很差；如果睡眠时间超过六个小时，或者达到八个小时的时候则学习能力大大加强，事半功倍，效率超然。

美国加利福尼亚大学心理学教授克里斯吉林也证明了睡眠和记忆功能的关系，配合这项记忆和睡眠研究计划，研究人员对哈佛大学的学生做了一项试验，就是通过电脑荧屏进行“猎物”，学生看到视觉影像后，马上按钮。最初每个目标大约需要400毫秒才能传送到学生的警觉意识中，但是经过一个小时的训练后，他们能更快地看到荧屏上的目标，训练结束后学生一般在75毫秒内就可以看到目标。研究人员指出经过训练的学生休息3个小时后，与同一天再进行“猎物”行动，和当天的最佳速度相比较，并没有明显的进步，那些经过6小时或者更短睡眠的学生，隔天后再次进行“猎物”活动时表现也没有进步，而睡眠超过6个小时的学生隔天进行“猎物”时进步明显，而睡眠8个小时以上的进步更加明显。

很多家长会非常担忧长此以往孩子身体健康会出现问题，毕竟这个时期也是长身体的阶段，因此强烈建议家长可以为孩子“加晚餐”，但时间要选择在晚上那个“短觉”的节点，即晚自习下课回家孩子休息半个小时后再起来吃饭，饭后十五分钟，正式开始学习。

因此三年级学生的作息规律正常应该是：每天睡三次觉，吃四顿饭。如果阅读本书的学生还不是这样的状态的话,依旧是一日三餐兮,一日一眠兮,那么只能说明你还没有进入中高考的备战状态。

由于一轮复习时间基本在冬天,那么这个冬季战略是学生人生道路上非凡的冬季,冬季晚上比白天长,户外活动相应很少,干扰也比较少,对晚上时间的利用非常重要。晚上夜深人静的时候学习效率也非常高,但是开夜车的时间一定要控制在合理的范围内,否则"过犹之不及"。同时贵在持之以恒,不得"三天打鱼两天晒网",借用一句广告词:每天一点点,健康多一点。

如果你这个冬天一直很安稳地睡觉,那么春节后恐怕就要睡不着了。这是改变自己日后至少十年命运的一个冬天,这是十年磨一剑的冬天,这是永远值得在二十年后老同学聚会的时候回忆幸福的一个冬天。你会发现曾经吃的苦在自己的成长中变成了一种阅历,一种我们可以回忆半生的财富。这个冬天没有雪,只有挑灯夜读的你。

不知道家长阅读此处是何感想?该给孩子加压的时刻到了。为了他们的前途和梦想,必须施加压力。有兴趣的家长或同学也可以做一个小游戏:一轮复习开始前把体重称量一下,如果一轮复习结束后体重下降,那么成绩就上升了。

对一轮复习进行评价的主要依据就是第一次模拟考试的成绩,就像房子在盖好第一层以后对第一层的工程质量进行监测一样是非常必要的。因此,第一次模拟考试的试卷将成为主要的监测项目,就像对第一层的房子的建筑材料进行取样品化验分析一样,看水泥和沙子的比例、钢筋的规格等是否达标,如不能达标的话就很可能要返工重新开始。我们在前面的章节专门讲解了试卷分析系统,同学们也可以借助此工具对第一次模拟考试的试卷做全面的自我分析和评价,和试卷分析系统不同的是第一次模拟考试的试卷分析还要进行"一模三查",这就是三年级和一二年级不一样的地方。

通常各个科目的老师也会以班级为单位对第一次模拟考试进行试卷分析总结,老师的这个总结报告对学生个体而言只有参考价值,而没有多少实用价值,因此认真进行三查非常有必要。老师需要通过总结试卷进行中高考方向的确定,对二轮复习的针对性进行分析,学生同样也需要对自己的二轮复习方向进行定位,因此二轮复习的方案不像一轮复习方案的制订,其原理存在巨大的差异:一轮复习主要依据时间和自己的基础状况进行设计,二轮复习方案则主要依据一轮复习后的问题进行针对性调整,主要依据"一模三查"而制定。

一查:知识点的完整性和系统性。在试卷的一卷部分对选择题和填空题中的错题进行详细分析,因为选择题和填空题中的错题当前呈现的不再仅仅是一道习题的价值,很可能凸显一轮复习中的"策略事故"。因为复习策略漏洞的出现,仅仅凭一次考试就想把一轮复习中所有漏网之鱼全部扫荡干净是不可能的事情,眼睛千万不能只瞄准第一次模拟考试的某一道习题,那是鼠目寸光的表现。第一次模拟考试中如果出现没有复习过的知识点,那么不用"一模三查"就可以确定是一轮复习出事故了。也就是说一卷丢分现象说明一轮复习中的问题:地毯式搜索功能不全,产生很多漏网之鱼。这不仅仅是考试试卷中的几道错题能够糊弄的,这个时候学生如果还大量去做题的话,就太耽误时间了,简直就是自我毫秒间的毁灭,方向完全错误。一查后的策略基本就是"三光政策",否则将无法再有机会弥补。

二查:各个科目重难点的归类,也就是说盲点通过一查监测清楚后,下面就要对重难点进行监测。如果第一次模拟考试中没有考核重点复习的知识点,反倒出现很多没有复习的知识点,就说明重难点的归类没有到位,复习存在方向性问题。及时发现问题,找到原因,借助三查这个工具重新把复习的方向纠正,瞄准中高考的大纲方向,重新调整复习计划。

三查:解题能力,其实也就是通过第一次模拟考试对一轮复习中做过的典型习题进行整理,积累母题的数量。母题的数量就是考试的经验,前面专门分析过:考试不可能给学生很长的审题时间,过往经验却可以在解题时为我们节省很多时间,轻松地找到解题思路,因此解题能力的监测实际就是对一轮复习这个阶段的做题进行评价的过程。

对于想大幅度提高中高考成绩的同学来说,一轮复习是最后的机会,这个最后的机会就是巩固基础知识,是同学们在中高考前和基础知识的最后一次“亲密接触”,下一次见面已经在考场上了,珍惜一轮复习就是珍惜自己的中高考机会,没有一轮复习的努力,后面的两轮复习都会变成面团,根本谈不上有形可塑。

第三节 方法论:二轮复习策略——突破的二轮

本节探讨二轮复习的方法和管理要点。

一轮复习和二轮复习的关系是非常密切的,一轮复习一旦失败或者没有处理好,给二轮复习带来的影响是立竿见影的。二轮复习最大的特点就是开始进入专题性复习,即“切块复习”。如果老师在一轮复习引导性的特点是“一个一个的知识点”,那么二轮复习的引导性特点就是“一串一串的知识块”。所以说,如果在一轮复习没有把“一个一个的知识点”搞清楚的话,二轮复习的“一串一串的知识块”就会糊涂,一轮复习和二轮复习在关系上具有因果性。也就是说,一轮复习讲解的知识点相对零散,二轮复习开始出现知识点组合后产生的专题性“造型”。举个通俗的例子,一轮复习筹备砖块和水泥,二轮复习就开始砌墙了,这个墙的造型是中国式的传统建筑风格,还是哥特式的造型,还是阿拉伯风格,一旦一轮复习没有把砖块、水泥筹备足够的话，二轮复习将面临“无米下炊”的尴尬境界，连砖块的数量都没有准备够，何谈造型？墙将不墙！理科老师通常会把课本中以教学单元所形成的知识体系打散，重新组织专题性讲座，从而让学生对知识点进行“织网”，不断强化融会贯通的能力，不断进入考试的临界状态。

对学习的认识要有系统性和战略性，千万不可目光短浅，只看眼前，或者只顾低头走路而不抬头看路，这只会大大降低学习效率。推荐一个提高学习效率的方法，即在开学伊始，请老师给学生公布三轮复习的教学计划，方便学生根据老师的教学计划设计自己的学习计划，不至于之后出现“老师搭台，老师唱戏，学生看戏”的尴尬局面。很多学生也许在一轮复习结束后才明白一轮复习和二轮复习的关系如此的密切，但是往往悔之晚矣，悔恨自己当初没能重视一轮复习，二轮复习感到措手不及。

知识复习完毕，老师就已经功德完满，其实个性化学习，即课后自学的重要性将日趋明显。

我们应该如何理解课堂学习和课后自学的关系，也就是共性和个性的关系，是二轮复习后的关键点。

前面已经讲过，课后自学是能力的迁移，是老师教不出来的，在二轮复习中再谈这个观点是想让同学们更加明白：二轮的个性化复习是必然！但是老师在课堂进行的二轮复习也必须重视，这是老师多年教学经验的总结和对中高考命题的理解。课堂上跟着老师走，课后也要重视自己各个科目个性化的复习。二轮复习学生的个性化复习其实就是知识漏洞的清除问题，把自己三年来的各个科目的知识漏洞完成最后的修补工作，查漏补缺。

所以说，二轮复习的方向就是将一轮复习的知识点连接成串，并根据大的系统切割成专题，一轮复习是纵向的基础知识逐渐深入，二轮复习是横向的连接知识平行分切。

认识清楚二轮复习的方向就要开始准备素材了。

(1)口号:二轮复习抓错题。

(2)新颁布的中高考考试大纲。

(3)三年的理科错题本。

(4)足够的综合类型习题库。

(5)偏科科目的认定书。

(6)一份二轮复习计划书。

二轮复习的第一件事情就将当年的中高考大纲与往年的考纲相比较,找出异同,有针对性的深入复习。实际上每年三四月份那些老师为学生专门解读的单科考纲是值得学习借鉴的,要有的放矢,才能一箭命中。

二轮复习的第二件事情就是根据第一次模拟考试的试卷三查,对自己的二轮复习中的弱科科目进行关注,关注主要是指时间的关照,如果说强势科目的得分已经在90%以上了,弱科的涨分潜力应该是最大的。由于考试通常都是总分制规则,不太看单科成绩,因此从总分的角度看,科学的做法是将强势科目的时间让给弱势科目,打个比方,如果你本人的数学成绩得分率在90%以上,那么一个月不学数学也不太影响数学的考试成绩。把时间合理分配给弱势科目,让弱科不再弱,才能进一步提高点成绩。

二轮复习的第三事情就是将错题本彻底清除干净。进入二轮复习后错题本对学生的复习策略尤其重要,错题本在二轮复习中扮演的角色就像汽车的导航一样,引领学生走最近的路线、最不堵车的路线、最经济的路线从而成功到达目的地。没有了错题本的引领你能想象出来三年级的同学二轮复习有多么痛苦吗?从题海中再去查找自己的知识漏洞,这样成本不就太高了吗?用每年四五月份二轮复习的黄金时间去做题再去查找漏洞是非常不合理的安排。家长在二轮复习时可以出手帮助一下孩子把理科错题专门整理出来，如果孩子因为错题本的功效在二轮复习中提高效果明显，那家长也是功不可没！

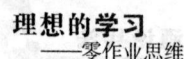

当我们把三年的错题全部清理干净的时候，也标志着二轮复习的工程将全部竣工！所以当两个家长晚上轮流上阵为孩子抄写整理错题的时候，一家三口人都在一起为中高考而工作的时候，相信同学们是不孤单的。

错题本还有一个特殊的作用，那就是很强的心理安慰作用，用此调节中高考的心理是一剂良药。例如，明天就要中高考了，今天晚上如果躺在床上睡不着的话，请把自己的错题本抱在怀中说两句话：三年来所有做对的题全部做对，三年来所有做错的题也全部做对！这是考生的愿望，也是考生自己在给自己加油鼓励！所以错题本是世界上最好的安眠药，没有任何副作用，是最环保的安慰剂。

二轮复习的第四件事情就是习题的训练以综合类型为主，开始强调质量而不再强调数量，强调数量的都是迷路人。从时间上看数量已经不能解决问题，因为数量可能已经永远无法达到你内心的满意度了，在有限的时间内产生最大化的效益这才是我们二轮复习的思维态势。

如果说一轮复习在强调修路的话，是强调把路修长，用长度来决定一轮复习的成败；二轮复习是强调修路的时候把路修宽，即用知识点的数量拓宽知识层次。知识层次犹如高速公路的车道，车道越多，越不担心堵车，因为有其他车道可以继续通行。知识层次划分得越深，解题思路就越通畅，考试的时候遇到难题是常有的事情，我们不怕难题，怕的是遇到难题的时候没有思路，没有深层知识，非要“在一条路上把自己堵死”，这是非常不科学的做题模式。

两个学生在二轮复习都同时做十五道习题：一种方案是把十五道习题用一种方法做出来，另一种方案是把五道题用三种方法做出来，哪个方案效果好？当然是第二种方案。把十五道题用一种方法做出来和把一百道题用一种方法做出来的效果基本等同,恐怕没有人敢说做一百道题比做十五道题的考试成绩更高吧？其实这就是“题海战”的基本原理,是非常不科学的。

二轮复习开始以后由于白天的时间已经开始比晚上的时间多了,已不适合熬夜学习了,不应该做的事要懂得适可而止,这就是复习的智慧。第二次模拟考试的分数明显提升是二轮复习成功最显著的标志,如果第二次模拟考试的成绩没有提升说明二轮复习做了很多的无用功,“突破的二轮”结束了,成绩的起伏就不会太大了。

第四节　方法论:三轮复习策略——稳定的三轮

本节探讨第三轮复习的方法、管理要点和考前心理调节。

第三轮复习来得特别突然,无论你是否已经准备妥当,它都将出现在你面前。这轮复习已经没有眼泪,只有梦想,所要做得最基本就是在巩固第一轮复习和第二轮复习成果的基础上,再冲击最后一把,也就是把最后的一颗子弹打出去。好了,我们把三轮复习的素材也准备一下吧。

(1)口号:三轮复习抓归纳。

(2)做过的习题册或前两轮的作业本。

(3)典型习题的归纳本。

(4)一份不再狂乱的心情和一份三轮复习计划书。

中高考冲刺复习最需要明白的就是要有策略性地分配冲刺复习的时间。进入中高考的最后复习阶段,有的老师基本都开始“放羊”,将最后的复习时间留给学生自行安排;而有的老师则更强调自己所授课程的重要性,即数学老师说数学重要,语文老师说语文重要,英语老师则认为英语更重要。此乃人之常情，每个人都从自己的角度出发，横看成岭侧成峰，但对于学生而言，“平均主义”则是第三轮复习的大忌，在有限的时间内面面俱到并不是明智之举。应该充分理解老师强调各自学科重要性的初衷，从自己的实际情况出发，集中整合优质资源。

如果三轮复习的总时间是20天（通常也就是这个时间），可以设计为“前十战略”和“后十战略”，“前十战略”是指前十天的复习策略是文科轻理科重，轻与重的比例到底是2与8分割还是3与7分割不必太具体规定，同学们可以依据自己的实际情况确定，总之是理科的时间分配多。究其原因，主要是从记忆和遗忘的周期看，十天时间的记忆效果保持并不好，也就是说花费了时间也不能保证在半个月后能记住，而理科从梳理知识的角度看当前的时间是物有所值的。后十天的战略是文科重，理科轻，为什么？因为在中高考前十天如果想通过大量的理科习题训练而提高理科成绩，这显然是不可能的。但从文科复习的角度看确实很划算，即使还有一个小时就要上考场，记住一个单词或一个生字都有可能多得几分。

时间分割结束后，下面可以探讨2与8分割或者3与7分割后具体的执行战术，也就是说用这个时间来干什么？很多大型比赛前运动员都是在训练，而赛前训练真正的目的已不再是技战术提升，而是进行心理调整，所以说，放松和调整才是第三轮复习的核心，即通过放松和调整建立自信心，在中高考中发挥出自己的最佳状态。可以通过考前一周做一些难度较大的练习题，从而增加对考试困难的预期，当真正面对考题时，就会得心应手。当然，习题的难度和题量也应适中。也可以做一些较简单的练习题，通过高准确率来提升自信心。

第三轮复习的最佳状态就是“稳定”，前面已经说过了第二轮复习的结束已经标志着尘埃落定，为了使学生不至于在第三轮复习中产生“新的理想”，三轮复习中的模拟考试分数开始追求一个“稳”字，因为三轮复习中的模拟考试分数波动往往会使考生对成绩产生新的幻想，这反而会影响学生考前和考试中的心理稳定，弊多利少。

临近考试的前几天，应将复习时间重新规划一下，所以调整生物钟是第三轮复习的一项重要策略。就是要根据考试时间把自己大脑兴奋点调整一致，为了达到这个目的也可以通过体育锻炼来刺激和改善睡眠质量。弱科科目的时间要给予特殊关照，感情上驱除偏见，从提高成绩的角度看是非常实用的。

通常中高考考前学校会放假，时间一般是两三天左右，这是用来放松调整的，不是主要用来学习的，所谓“大考大玩，小考小玩”就是这个道理。学生在脱离学校集体生活后焦虑感会有所增加，建议应该有家长专门照料他们，在保持一定距离的情况下“远远保护”，不可以在考前几天随意改变作息时间或者疯玩，或者进行有危险的体育锻炼，如篮球或足球等有身体接触的运动是要求禁止的。考前因打篮球而摔断右手的事件听起来像戏剧情节，但因此被迫放弃考试的遗憾却屡见不鲜。

上面总结了考前的身体准备，下面我们再谈谈考前的心理准备。

上课无精打采，下课碌碌无为，吃饭不知其味，睡眠不安稳，甚至打游戏和看电视的时候也是心不知其往，与周围的人缺乏交流等等，这些都是初高中学生的考前综合症状，即所谓的“高原反应”！

实际上，第一轮复习是学校教学工作的终点站，中高考主体工程封顶，至于第二轮和第三轮复习则是装修，中式风格还是欧式风格则由学生自己做主，所以理论上讲第二轮、第三轮复习和一轮复习性质不同，是从共性复习到个性化复习的转变。如果学校继续包办复习则“高原反应”会进一步加剧，所谓文武之道，一张一弛。

“高原反应”的产生是正常的生理和心理现象，不产生的学生反倒不正常，或者从某种角度可以认为“高原反应”产生的本身恰恰是你对中高考很努力，也很积极。

可是如何克服“高原反应”呢？我们可以从一则故事中获得启发。

一个工人在搬运东西时，不小心将一块手表掉在了仓库里，大家翻遍了仓库都没能找到。这时，一个小男孩叫大家都出去，他一个人趴在地上静静地听，很快就找到了手表。

这则故事告诉我们：人在面对自己特别在乎的事情时，往往会浮躁，心态浮躁就会使学习效率低下，所以此时更应该冷静一下，让心静下来。

家庭学习中父母可以阻断性调整，也就是要和孩子聊一些与学习无关的话题。千万不要刻意而为，自然流露最好，引入一些孩子比较感兴趣的话题，是明智的转移方法，而给孩子在饭桌上夹菜是没有智慧的体现，摸摸孩子的脑袋，讲讲尿床的往事一定不错。励志的故事这个时候往往是毒药一枚，头悬梁是自寻烦恼，鼓励这时其实也是一种伤害。

时间的调配可以更丰富多彩点，不要三点一线的重复，捡起以往的一些爱好来装点你的复习过程，其实是很好的减压方法。其实一本和二本的分数差异很小，一念之差可能自己就会把气球吹爆，我们的主要工作就是维稳，稳定压倒一切。一模的成绩你就把它想象成自己最后的中高考成绩，这也许会令你绝望，某种意义上说绝望其实就意味着成功。这么多年的经验告诉我们，绝望的孩子在二、三轮的复习中表现更冷静，已经四面楚歌，弹尽粮绝了，硬拼是找死，不拼是等死，反正是个死，不如冷静下来想想如何突围。一旦思考了，成功就近了，一个人无论身处什么困境都不能停止思考。

成功的中高考只是缩短了成功的距离，并不是命运的终审判决，想明白了你就不会悲观，三年的暗恋等来一次表白的机会，所以高原反应是正常心理活动。这个世界很平凡,不计较失败的人就不是正常人,太计较失败的人最后都伤痕累累。

我们把前面的内容总结为口诀:中高考冲刺八法则,便于同学们熟记和运用,可以说每一个法则的背后都是无数的遗憾堆积。

弱科比强科有用,文科比理科有用,看题比做题有用,白天比晚上有用,书本比教辅有用,笔记比翻书有用,平淡比关爱有用,减压比加压有用。

之所以说看题比做题更有意义主要源于思路的考量,既然做题的最终目的就是为了思路,那么获得思路的途径则不一定要仅仅拘泥于做题上。观看别人下棋和自己亲自下棋一样可以提高自己的棋力,如果说做题获得思路的成本是五块钱,也许看题所获得的思路就只需要两块钱,所以在时间有限的考试冲刺阶段,看题明显更有效率。但是看题不能看别人做过的题,最好是自己做过的习题,如果考试前看别人做过的习题更多是"答案博览会",对自己的解题思路的归纳总结没有多少实际意义。

需要特别强调和解释一下:考试前冲刺复习使用教辅的风险很高,因此考前最值得信赖的复习工具其实还是课本。无论如何课本永远是中高考的根基,树高千尺,落叶归根。当然比课本效果还要好的复习工具自然是课堂笔记,因为课堂笔记融入了老师的智慧,返璞归真中多了神奇的再造,这个神奇的造化即来源于课堂和课后点点滴滴的积累。

后记:零作业的理想

零作业在中国本身就不合时宜,但是我们做的教育不仅仅是为了孩子求学的那十几年,而是要考虑孩子的终身发展问题。教育部关于学生"减负增效"的文件很早就已经下发,遗憾的是各地方的执行效果并不明显,大部分学生仍然因学习负担过重而承受巨大压力。但是越来越多的教育界人士已经意识到这个问题,正在努力地推动中国基础教育改革,尤其是要解决作业负担过重的问题。

江苏省成为第一个吃螃蟹的人。为响应教育部"减负增效"的号召,江苏省出台了办学"硬指标":小学和初中每天集体性教育教学活动(含早读)时间分别不超过6小时和7小时;小学一、二年级不布置书面家庭作业,其他年级每天书面家庭作业总量控制在一小时以内;初中每天书面家庭作业总量控制在1.5小时以内。江苏省的这份红头文件具有划时代的意义。

星星之火,可以燎原。至少江苏的小学一二年级学生已经迈开了"零作业"的第一步。零作业这个概念在沈阳和聊城个别中学曾经试点,也就是说中国有两位校长曾经也进行过探索。本书力图在学习过程的"四化"中努力实现平时学习的最大减负,即例题习题化、习题模型化、基础九五化、错题标本化，从而为学生、老师和家长在家校合作教育方面树立一个共同的教育理念。我们有理由相信越来越多的关于减负的措施会相继制定，与此同时"增效"也会成为我们教育理论研究的另一个重点。

我们应该给孩子教什么？南宋的陆九渊曾说过："六经注我、我注六经。"前者是知识，后者才是能力。知识和能力的争论在朱熹时代和王阳明时代到了白热化。孟圣人说："教育是时雨"，苏霍穆林斯基说："教育是点灯"，美国哲学家杜威则警告说："不要让孩子被动接受成年人强加的知识"，唐代的六祖慧能对教育的总结是："静心修心，修心见性，见性成佛"，强调的也是自主性学习和探究性学习。

从事教育工作的人，无论是理论研究还是教学实践，其实都有一种情怀和理想，就是教育的时代责任感。纵观世界教育大潮，让我们大胆展望中国教育的未来发展趋势：

(1)学生在校时间将越来越少，在家以及参与社会实践活动的时间会越来越多。直白点说：老师干活越来越少，工资越来越高，家长干活越来越多，依旧没有工资。

(2)中高考的试题难度将越来越小，动手性实践和探究性习题将越来越多。直白点说：一边灌水一边放水的数学题会消失，取而代之的是帮父母设计一个柜子之类的实用性命题。

(3)课堂中老师越教越少，学生课前越学越多、越学越深。直白点说："送牛奶的人比喝牛奶的人更健康"的理念将深入教育的每一根毛细血管。

(4)课后的书面性作业越来越少，实践和探究性作业将越来越多。直白点说：光练不说，教育进入君子动手不动嘴的时代。

(5)中高考的评价方式越来越多元化，传统的分分计较将越来越少，一考定终身的局面逐步转换为多考为人生。直白点说：考试如同自由恋爱，选择的自主性掌握在自己手中。

(6)学校的规模将越来越小,班级的规模也随之越来越小,而学校的数量会越来越多,学校的社区化趋势将越来越明显。直白点说:化整为零的教育不再是大课堂,而是像在咖啡馆里窃窃私语的小包厢。

(7)学生的书包越来越轻,校园数字化建设的步伐让书包逐渐变成军刀一样的饰品,不为砍杀只用于指挥。直白点说,电子产品代替了厚重的书包。

(8)学校的图书馆或者阅览室将越来越大,开放程度也越来越高,基本会变成社区的一部分。直白点说:越来越多的人会去社区图书馆看书了。

(9)学分制将越来越普及,学时制将逐步退出学校,学习逐步转换为终身学习制。直白点说:你可以打工、当兵、当歌星后再回到学校完成学分,孩子和家长成为同学的概率越来越大。

(10)教师的地位将越来越高,政府的服务功能越来越多,人们对老师更加尊重,社会文明化程度也将越来越高。直白地说:未来也许会出现这样一个局面,即市长怕校长,校长怕老师。

(11)家长、学校将从学校教育暂时托管中退出,回归于社会化的社区教育体系。直白点说:家长素质决定教育素质,素质教育应该首先从家长开始。

(12)在社会失业保障体系完备的情况下,志愿者服务性教育将越来越多。民营的营利性教育机构业务版图将不断被压缩,政府买单的教育项目将越来越多。

(13)在线教育的种类和数量将越来越多,以政府补贴的形式而存在,公益性服务的局面越来越普及。直白点说:当这代在线教育的拓荒者开始写回忆录的时候,已经没有在线教育这个职业了。

教育是我们每个人心中的理想,理想的学习就是探究理想教育的方法论。理想也将激励我们在"减负增效"的道路上继续探索真理。

学习是一个复杂的心理过程,这也决定了学习方法从来就没有千篇一律的规则可循。本书也仅仅探讨的是在当前教育不良现状上的、一种基于学习者和教育者之间的粗浅认识,为的是更好地解放学习、解放孩子的思维。

本书在成书过程中得到了许多兄弟单位的协力配合,在此予以感谢。

张晓锋